Ⓢ新潮新書

古野まほろ
FURUNO Mahoro

警察官白書

770

新潮社

警察官白書

目次

まえがき

警察官のステレオタイプ——様々な問題とおもしろさ

心理学の用語に、ステレオタイプというものがあります。

ある対象についての、典型的で固定的なイメージのことです。もっと具体的に言えば、「日本人はマジメで集団主義的である」「B型人間はワガママだが突破力がある」「さそり座の女は思い込んだら命懸《いのちが》けだ」といった感じのイメージです。

これが行き過ぎると偏見になりますが、ステレオタイプ自体は悪いものとは言えません。ステレオタイプは、こころが用意する一定の『フック』『パターン』です。これらがパッと用意されることで、対象についての理解が高速処理されます。そして、対象にどうリアクションするか、素早くシミュレイションできます。すなわち、私たちのこころは、ステレオタイプを用意することで、こころの情報処理に必要なリソースを節約しているのです。

もちろん、ステレオタイプはいわば鋳型《いがた》、紋切《もんき》り型《がた》、金太郎飴《きんたろうあめ》です。ゆえに、リアルな人間とは必ずズレます。例えば、誰ひとりとして『平均的な日本人』など存在しないから……

だから、いま眼の前にいるリアルな人間は、その人を知れば知るほど、ステレオタイプからズレてゆくでしょう。最初パッと用意されていた『パターン』が、具体的なデータの集積によって補正され、どんどん『実像』となってゆくからです。「なんだ、ヤクザ屋さんのような恐ろしい容貌《ようぼう》だけど、つきあってみれば……」という段階ですね。

ところが、このステレオタイプの問題、実はもうちょっと複雑です。

というのも例えば、『フランス人とはどんな人か?』という超単純なステレオタイプでも、日本人が描くものと、フランス人自身が描くものは、まるで違ってくるからです。これは、両者にインストールされている、両者についての初期データが、まるで異なるから。そもそも私たち日本人は、フランス人ほど、フランス人と交際していませんね。となると、最初パッと浮かぶ『パターン』そのものが、まるで違ってきます。

まして、これがレバノン人であるとか、アルバニア人であればどうでしょうか。ステレオタイプすら浮かばないのではないでしょうか？

以上をまとめると、

①ステレオタイプは、対象の理解の入口として役立つ

②ステレオタイプは、データにより補正される必要がある

③ステレオタイプが作れるかどうかは、対象との関係によって左右される

④まったくイメージのわかないものに、ステレオタイプは作れない

となります。さらに、右のフランス人の例から、

⑤母集団に属する者が作るステレオタイプと、母集団の外にいる者が作るステレオタイプは異なる

ということにもなります。銀行員自身が描く、銀行員のステレオタイプ。鹿児島県人が描く、鹿児島県人のステレオタイプ。これらは、⑤のように、一般人が描くものとは異なる。時に、非常に興味深いかたちで異なるでしょう。

ゆえに、『警察官が描く典型的な警察官像』と、『市民が描く典型的な警察官像』も異なります。いいえ、極めて大きく異なり、ズレます。

しかし、ここで、右の①で述べたように――
ステレオタイプは、対象を理解する入口として使えます。対象に対するリアクションも素早くさせます。すなわち、『どんな印象を形成するか』『どんな意見を形成するか』のバイパスになります。

例えば最近、刀剣、軍艦、国家を擬人化《ぎじんか》したゲーム等が人気を博していますが、これなどは、ステレオタイプを上手に、おもしろく活用した例でしょう。それは飽《あ》くまで単純化された、時に誇張された、だから細部をバッサリ切ったステレオタイプですが、「ああ、なるほど」という納得感と、「そういうものだったんだ」という親近感をわきおこします。もちろん、それらが具体的なデータなりエピソードなり、知られざるトリビアを含んでいるときは、知的好奇心が満たされるとともに、「もっと知りたい」「関連する知識を獲たい」という動機付けにもなります。

本書の目的と構成

したがって、本書は、ステレオタイプを上手く使いながら、３つの目的を達成しようとするものです。

すなわち、まず第1に、本書は、私の元警察官としての知識経験を活用して、『警察官自身が描く典型的な警察官像』を明らかにしてゆきます。

それは右に述べたとおり、『市民が描く典型的な警察官像』とは極めて大きくズレています。そのズレを楽しんでいただくことで、「ああ、なるほど」「そういうものだったんだ」というおもしろさを、味わっていただきたいと思います。言ってみれば、上記のゲーム等のような、デフォルメと擬人化を試みるわけです。

――ここで、もちろん、警察官にもいろいろいろいます。

例えば、いろいろな階級の警察官がいますし、いろいろな職制の警察官がいますし、いろいろな部門の警察官がいます。老若男女の別もあれば、非違《ひい》警察官と監察官、いわゆるゴンゾウと出世頭《しゅっせがしら》、あるいは現業と管理の違いもあります。あとノンキャリアとキャリアの違い、刑事警察と警備警察の確執《かくしつ》（？）などは、警察エンタメでもスイートスポットですね。近いところだと、有名な『名探偵コナン』で、非常にめずらしいことに、公安警察に属するとされるキャラクターが人気を集めています（なお、ナゾ多き公安警察と公安部門の警察官については、本書のⅡの第4章で扱っています）。

ですので本書は、第2に、とりわけ警察官の『部門』『専門』ごと、『典型的な警察官像』を描き出してゆきます。手法はおなじく、デフォルメと擬人化です。なお、『部門』『専門』という切り口を用いたのは、他の切り口をも書き記《しる》すには、紙幅の余裕がなかったからです（読者の方のお許しがあれば、更なる続編で御紹介したいと思います）。よって、本書では、警察の専門分野ごと、いわば「そんな典型的・標準的・あからさまな警察官は実在しないけれど、キャラクタの属性を集中させて煮詰めたらそうなる、しかも極めてリアルな情報を総合すればそうなる」――という、リアルさを重視したステレオタイプを、提示してゆきます。

本書は右の第1・第2のように、警察官というヒトに焦点を当て、そのヒトのホントがイメージできるような情報を、読者に提供するものです。

そして本書は第3に、そうしたステレオタイプを描いてゆくことで、そのヒトがどのような性格傾向を持ち、どのような物の見方をし、何を考えて生きているか、どのような問題解決方略《ほうりゃく》を採用しがちであるか、どのような欠点に陥《おちい》りやすいか――等々を、データ・エピソード・トリビア等を織り交ぜながら、提示してゆくものです。

これらは、読者の方自身のマインドやパラダイムと相互作用して、ひょっとしたら、『新しい物の見方』『新しい物の考え方』につながってゆくかも知れません。あるいは、人生への何らかの刺激になるかも知れません。はたまた、仕事に応用できるヒントをつかんでいただけることもあり得るでしょう。

もし、本書がそこまでのものでなくとも、『他で提示されたことのない見方・情報』はプレゼンできるでしょうし、それによって、例えば警察エンタメをさらに楽しんだり、それを作るのに役立てることもできるでしょう。

警察では、どんなヒトが、何を考え、何をしているのか？

警察官そのもの――典型的な『警察太郎』さんから見てゆきましょう。

I 警察太郎——26万警察官の「むりやり平均値」

警察官すべてのステレオタイプ——『警察太郎』さん

平成29年の数字によれば、警視庁、大阪府警察、群馬県警察、鳥取県警察などなど——『47都道府県警察』の警察職員の平均年齢は、約38歳。警視庁だけだと、約39歳。これが平成28年の数字だと、全国平均で約39歳。どれもほとんど変わりませんね。しかし、ここで警察職員というのは〈警察官＋一般職員〉のことなので、この平均年齢は、警察官の平均年齢を意味しません。そして、警察官の平均年齢は、統計等に出てきません。

——ここで考えるに。

体感的・経験的には、警察官の平均年齢は、もう少し若い気がします。というのも、警察においては、『大量退職・大量採用による年齢構成変動』が10年以上前から始まっていて、既に全体の約40％が新陳代謝《しんちんたいしゃ》し終えているからです。要は、若手がグッと増えました。実際、パラパラと都道府県警察の年齢構成を調べてみれば、『30～35歳がいちばん多い』なんてデータも拾えます。私も、退職する直前は、そんな印象を受けていました。

ただ、私は今は善良な市民なので、開示されている情報以外は知りません。ですので、飽くまでステレオタイプと割り切って――

我らが典型的な警察官、警察太郎さんは、38歳とします。

『警察花子さん』としなかったのは、定員に占める女性警察官の割合からです。平成29年の全国平均では8・9％。平成29年における警視庁のそれは9・3％です。ちなみに警視庁だと、もう新規採用警察官の5人に1人が女性ですし、他の府県警察でも、警察署の女性課長をはじめ、管理職がめずらしくもなくなっています。ただ、女性の警視（署長クラス）となると、とりわけ小規模県では、例えば今年初めて誕生するといった県もめずらしくはなく（県警察史上初の女性警視）、このあたり、割合だけでは語れない面もあります。いずれにせよ、やがては、ステレオタイプを『警察花子さん』にする時代が来るかも知れません。

ここであわせて、警察太郎さんを『大卒』としましょう。現在では、そちらがマジョリティだからです。きっと、都道府県庁所在地にありそうな、地元大学を出た人です。東京、大阪等の大都市は別論（全国から人が集まる）、一般的な県警察だと、地元人／地元大学出身者の割合はかなり高いです。

警察太郎の階級

次に、彼の階級を考えましょう。

警察には昇任試験がありますから、キャリアプランは千差万別です。極論、一度も試験を受けない自由だってあります（上司はド派手に気合いを入れると思いますが……）。しかし、ここで考えるのは平均値・典型例。圧倒的マジョリティに属する人であり、裏から言えば『平々凡々』『無個性』な人です。

すると、警察太郎さんは、巡査部長です。

というのも、極めて平均的に考えれば、もし試験を受けて昇任する気があるのなら、35歳くらいまでには、巡査部長になっているからです。部内相場では——内部のことを警察用語で部内といいます――30歳前後でしょうか。

ここで、巡査部長になるための試験は原則、大卒なら実務2年、短大卒なら3年、高卒なら4年の2－3－4ルールで受験できます。といって、実務のあいまに（もちろん異動もあり）、いわば夜学で、たくさんの受験科目をコツコツ独学するのは本当に大変です。

しかも、太郎さんは平均人ですから、一発合格のエースではありません。

そして、巡査部長試験の合格率は、とある実例では14・8％ですから（体感として20％を超えることはまずない）、この『20人のうち3人程度』の門を20歳代で通過したとも考えにくい。

すると、31歳～35歳あたりで通ったのかなあ、と考えられます。

といって、遅くもなければ落ちこぼれてもいません。警察の昇任は試験がすべてですから、その意味では、民間よりよほど将来に希望があります。この時点で、たぶん役員にはなれないでしょうが、管理職には十分過ぎるほどなれます。

次に、太郎さんが、もう警部補になっているかどうかを考えましょう。

これは、巡査部長試験とほとんど一緒の検討ですみます。

すなわち、警部補試験は原則、巡査部長になってから2－3－4ルールで受験できますが、今度はとある実例だと、合格率7・2％（!!）の狭き門。この『10人に1人も通らない』試験をクリアするのは、これまた大変。

一発合格の人ももちろんいますが、太郎さんは平々凡々が特徴ですから、きっと今は警部補試験の合格を期して、「40歳までには警部補になりたいなあ」「いや45歳かなあ」「実績も上げないとなあ」と思いながら、仕事と勉強に精を出していることでしょう。

ここでちなみに、警察の階級別定員をザッと調べると、巡査と巡査部長と警部補の構成比は、大抵『1対1対1』であることが分かります。要は、巡査部長と警部補は、だいたい同じ数いるわけです（階級のある組織としては、問題のある構成比ですが……）。

すなわち太郎さんが巡査部長であることは、神様のサイコロとして自然です。

よって、太郎さんは巡査部長。また巡査部長は、役職として必ず『主任』となります。

――ゆえに今度は、主任　警察太郎巡査部長（38）が行っている仕事を考えましょう。

警察太郎の仕事

結論として、交番のおまわりさんだと考えられます。

警察用語では『地域警察官』と呼びますが、警察官の約40％は、この地域警察官だからです（最大勢力）。

そして地域警察官は原則、『交番』『駐在所』『パトカー』のいずれかで勤務をしますが、太郎さんの場合、よく見掛ける平均的なおまわりさんという設定から、きっと駅前交番あたりに配置されているに違いありません。

すると、交番のおまわりさんとして、もちろん制服勤務になり、また必然的に3交替制勤務となります（警視庁なら4交替制）。要は3日に1回、拳銃＋警棒＋手錠その他をフル装備して、交番を拠点とした24時間勤務をします。具体的には、職務質問、巡回連絡等の『外回りの営業』と、警察の全てのタスクの『最初の部分』が仕事です。

また、地域警察官は警察署の『地域課』というセクションに所属しますので、これでまた、太郎さんの属性が分かりました。すなわち、

○○警察署地域課主任で、△△交番勤務をしている、警察太郎巡査部長（38）です。メディアの報道より、やや詳しくなってきましたね。

警察太郎の私生活――家庭関係

では次に、警察太郎さんの人間関係等々、私生活を見てみます。まずは家庭関係。

年齢的に、また警察部内の文化として、結婚しているのが普通です。これについては、明るい話とそうでもない話をしましょう。

明るい話としては、太郎さんは、ひょっとしたら部内結婚かも知れないということ。先に述べたとおり、女性警察官は部内に10％もいませんので、言葉を選ばなければ、逆ハーレム状態です。女性警察官あるいは女性の一般職員が、どうしても結婚に困るということはあり得ません。最終的には、いくらでも部内調達が可能だからです。男性警察官からのナンパも無数にあります。既婚者もこれをやりがちなのは、考えものですが……いずれにせよ、ひょっとしたら太郎さんは、交番に配置されてきた若い女性警察官とか、庶務の若い女性職員とかを、口説《くど》いたのかも知れません。まあ、微笑《ほほえ》ましい部内文化です。

他方で、明るくない話としては……「ある程度の年齢になって所帯を固めていないのは、警察官として望ましくないよ」という部内文化の存在。

本来、結婚するしないはまさに憲法上の権利で、他人なり勤務先なりが介入すべきでない、プライバシーの最たるものです。ただ、キレイゴトだけでは警察官は務まらないところもあり……

例えば、犯罪組織のハニートラップに引っ掛かってしまいかねないとか、金銭管理がルーズになるかも知れないとか（これもトラップになりかねません）、ギャンブル中毒になりかねないとか（同）、風俗通いが止まらなくなるとか（同）、不倫をしてしまうとか（同）、家族関係がないに等しいので身上実態把握が難しいとか、失踪《しっそう》がしやすいとか、行き詰まったときの自殺リスクが高まるとか……そういった実に実際的な事情から、『ある程度の年齢になって』未婚だと、そこに客観的で明快な（＝上司・人事部門が納得できる）理由がないかぎり、痛くもない腹を探られてしまう。

と、いうわけで、平々凡々な太郎さんは、たぶん20歳代が終わるまでには、結婚をしているでしょう。ちなみに交番勤務であれば、3日に1度は実質、休日ですから、体力的に頑張れるのなら、合コンをする時間も、デートをする時間もあります。休日にしょっちゅう呼び出されるなどということは、ありません。

お子さんがいるかどうかまでは、平均化できないです。ただ一般社会と比べて、いる可能性は高いと思われます。というのも、太郎さんは既に勤続16年の公務員ですし、公務員の安定度はピカイチですので、それなりの将来設計ができたし、できるからです。

警察太郎とおカネ

ゆえに次は、警察官とおカネの話を考えましょう。

平成29年の全国平均から割り出すと、太郎さんは月額約32万の本俸《ほんぽう》と、同約13万6千円の諸《しょ》手当《てあて》で、合計約45万6千円の給与をもらっています。もちろん老齢年金も医療保険も自営より優遇されていますし、退職金もアテにできますので、真《ま》っ当《とう》に仕事をしていれば、生活に不安はないはず（ちなみに、太郎さんが警視庁警察官だとすると、約49万2千円の給与をもらっていることになります。都は財政事情がよい上に、物価も高ければ、仕事も多いのでしょう）。

なお、御関心がある方のために言うと、太郎さんが怪しい茶封筒を別枠で受けとることも、怪しい領収書をでっち上げることも、平成30年現在、ありえません。御案内のとおりいろいろ爆《は》ぜて、よい思いをした旧世代は吸い逃げ（らしい。皆恨《うら》んでます）。現役世代にとって裏金といえば『自分はまさか関係ないのに、いきなり返還のための拠出金を求められる、意味不明な罰ゲーム』です。例えば昭和の神話のひとつに、警察署長を2度も務めれば豪邸が建つなんてものがありますが、平成30年の今、そんな恩恵を受ける警察官は1人もいません。

ここで、太郎さんの給与を、もう少し全国平均からカスタマイズするとすれば——本俸はともかく、諸手当は、太郎さんには当てはまらないかも知れません。

この諸手当のうち、大きいのは超過勤務手当でしょうが、太郎さんは交番のおまわりさんですから、24時間勤務がある代わりに残業がない。だから超勤もない。もしあっても、まさか満額付くことはない。その点、太郎さんがもし私服勤務の警察官であれば、頑張り次第では超勤がボンと跳《は》ね上がるはずです。

すると太郎さんは、約45万6千円をやや／幾許《いくばく》か下回る給与をもらっている警察官となります（当然ここから、所得税、地方税、年金、保険料が容赦《ようしゃ》なく引かれますが）。

ちなみにボーナス＝『勤勉手当』『期末手当』ですが、年に6月と12月の2回、それぞれの支給日に在職していればもらえます。月の本俸をベースに計算式を当てはめた、『約2か月分』ずつもらえます。このボーナス計算式には、『管理職かどうか』『勤務評定はどうか』等も反映されますが、太郎さんのキャラ属性からして、そのあたりには不満が残りそうです。

ただ民間と異なり、必ず支給されますし、大震災等の特殊事情がなければ、機械的な計算式による割り出しがさらに減額されることは――例えば検挙実績とか職質実績とかによってペナルティ的に減額されることは――ないので、好景気を反映しない代わり、手堅いです。

ちなみにここで退職金――『退職手当』の話をすると、都道府県採用の（現場の）警察官が定年まで勤め上げたとすると、約二、二五〇〇万円が支給されます。これは平均値ですので、階級・職制によって上下しますが、交替制勤務だったかどうか等には左右されませんから、平々凡々な太郎さんは約20年後、平均値をもらうものと考えてよいでしょう。もっとも、マジメですから再雇用があるでしょうし、交番で厳しい勤務を続けてきた人ですので、体感的には、御長命である可能性は、たかくはない……

なお、警察官の資産は、有形のものばかりではありません。

とりわけ、『公務員としての信用』を持っています。それも、公務員の中でピカイチの信用を持っています。何が言いたいかというと、銀行であり、ローンです。

ぶっちゃけ、巡査だろうが巡査部長だろうが、審査はハンコポン。不動産屋さんなら、食いついて離れないでしょう。階級も年齢も（勤続2年とかいうのは論外ですが）、所属も仕事の内容も関係ありません。『警察官であること』。これだけでお金が借りられます。もちろん銀行から。マンションなら中古物件も考えられますが、その売主さんも喜びます。

ここで、私は若い頃、息子さんを警察官にしたM指導係長に——私の指導を担当していた警部補さんです——「M係長また何でですか？　現場はこんなにキツいのに。息子さんこれから大変ですよね？」と訊《き》いたことがあります。するとM係長は「そりゃ信用と安定よ。銀行が頭下げてカネ借りてくれって言う。マジメにやってりゃ確実に1千万は超える。仕事が苦しい苦しいったってまさか首括《くく》るようなこたあねえ。俺みたいな定年間近の万年係長になりゃあ、組織の有難味《ありがたみ》が身に染みるってもんよ」と、冗談めかして答えてくれました。

警察太郎の住まい

――というわけで、我らが警察太郎さんは、かなりの確率で子供を持っていて（体感的には2人）、持ち家をローンで買っている警察官です。

もし買っていなければ、府県警察の官舎に住んでいますが、子供の誕生／就学、親との死別、大きな異動といったライフイベントを期に、必ず買うでしょう。持ち家の場所等は、そこは公務員として堅実なので、コストパフォーマンス優先で決めます。どのみち数年に1度は異動がありますし、府県内のどこに異動するかは絶対に予測できませんし、警察官は必ず自動車の運転ができますので、『自宅と勤務先を近づける』という発想は、あまりありません。ゆえにコスパ重視です。結果、『車で90分掛けて通勤』『電車で120分掛けて通勤』という話も、めずらしくありません。

そうしますと、夜も白まない頃からお父さんは出て行っちゃう……ということで、家族とのコミュニケーションに、難《なん》が出てくるかも知れません。ここで、奥さんが元警察官だと、そのあたりは理解がある半面、ちょっとでも怪しい動きをすれば即座にバレます。勤務パターンを誰より知っているからです。

――さて自宅の御近所さんは、太郎さんが警察官であることを知らない可能性があります。勤務先は、前述のとおり近くはないのが一般ですし、選んで買った持ち家ですから、警察官が密集して住んでいるわけでもない。そして何より、「官舎ならバレても仕方がないが、せっかく身バレしていないのに自分で広めることはない」「言うならせいぜい公務員、でいい」「トラブルの解決とか、町内会の仕事とか、面倒でも押しつけられたら堪《たま》らない」という防衛心を発揮するはずです。御近所さんと親しければ、もちろん身分を明らかにするでしょうが、隣は何をする人ぞ――的な地域であれば、きっと黙っています。はたまた「県庁に勤めています」と言っても、あながち嘘ではありません。警察は都道府県の機関だからです。

いずれにしても、地域中に警察官だと知れ渡っている警察官――というのは、役員クラスに登り詰めたエース級（とそのOB）などでしょう。その場合は、家の立派さと合わせて「なんでも警察のかなり偉い人らしいわよ～」なんて噂がまんべんなく広がります。

警察太郎の交友関係

では、太郎さんの交友関係はどうでしょうか。

学生時代等の友人関係が続いていることは考えられますが、通勤とか持ち家の関係から、意図的に関係を続けようとしなければ、年賀状関係に移行してしまいがちでしょう。といって、職場の警察職員と深く交遊するかといえば――これまた通勤の関係から、仲良くするのは『職場』においてか、その延長としての『飲み会』2時間一本勝負においてか（近時《きんじ》は二次会禁止令が出ている）。ところが車通勤だと、その飲み会も難しいことが多いです。ゆえに、もし古い世代からの流儀を受け継ぐなら、ゴルフ・まあじゃんが警察官どうしの社交界となります（ちなみに部内では、風営法の流儀にならって『まあじゃん』『ぱちんこ』と表記されることが多いです。正確には『まあじゃん』でしょうが……）。

もし、太郎さんが独自の交友関係を作っているとすれば、それは『趣味』のつながりでしょう。それを言ったらゴルフもそうなのですが、そうした部内のメンツに固まりがちな社交界ではなく、例えば『囲碁』『将棋』『俳句』『尺八』『釣り』『陶芸』『ツーリング』『合唱』『ギター』『ピアノ』『軽音楽』などを趣味とし（すべて実例）、民間の同好会、教室等に入っている可能性は大いにあります。私は都道府県に出してもらったとき、多くの部下の身上調査書を読み、また個々面接をしましたが、なんとまあ、警察官というのは趣味人だなあとおどろきました。より正確に言えば、それは趣味であると同時に、仕事を強制終了したクリーンアップでありデフラグであり、バッテリーリフレッシュなのですが（時として、仕事上やむなく始めなければならない事情があったが、そのミッションが終わっても止めたくなくなった――なんていう特異なケースもあります）。

警察太郎の趣味

いま、交友関係から趣味の話題になりました。

では太郎さんは、あと何を趣味にしているでしょうか？

これまた古い世代からの流儀を受け継ぐなら、ぱちんこ。太郎さんがもう少し若ければ、いわゆるソシャゲかも知れません。私が警察官になった頃は――オウム真理教がドンパチやらかしていた頃ですが――警察官の道楽とくれば酒と煙草と車とぱちんこ。このあたりは王道の公約数でした。どれもストレス解消に関係がありますね。あと、指が緑になるまであじゃんとか、レッスンプロになれるほどゴルフとか（都市部では難しい）……
太郎さんも、24時間勤務という変則的な生活をしているので、『勤務そのもの』と、そのような『勤務形態がえんえん続く』というのがストレスフルです。そして38歳――昭和世代であることを考えると、喫煙とぱちんこにハマっていてもおかしくありません。

あと、『趣味は読書』と身上調査書に書いている可能性がありますが、あまりアテにはできません。警察官は、職業上やむなく新聞あるいは週刊誌くらいは流し読みますが（職場にある。署にはある。交番等でも、少なくとも新聞はとる）、読書となると……

……仕事がハードだからかも知れません。車通勤の場合は、なおさらです。はたまた、昇任試験の勉強で、十分、読書しているからかも知れません（昇任試験の科目には、憲法から行政法から交番の実務まで、様々なものが含まれますから）。それでも太郎さんは、基本的にマジメなので、気に入ったシリーズが開拓できると、本にドハマりしたりします。

ここで、警察官は警察エンタメをあまり好まないので（程度問題ですが、白けて疲れる）、私の職歴においては、時代小説のファンによく出会いました。最初に赴任した警察署で、正面の席だったS巡査部長が、鬼平犯科帳《おにへいはんかちょう》の熱烈な愛読者で、酒席で必ず薦められたのは懐《なつ》かしい昔話です。

あと読書といえば、警察官はかなり頻繁《ひんぱん》に警察学校へ出たり入ったりするのですが、そのとき『参考文献リスト』『推薦図書リスト』『学校長のオススメ』といった書籍一覧表が渡されます。それに載っている小説・新書・ハードカバーを素直に買う人は（まさか全冊ではありませんが）少なくありません。太郎さんも、最初に警察学校に入ったときや、巡査部長試験に合格してまた入り直したときに、そうしたきっかけで、新書の1、2冊でも買ってみた可能性があります（コスパがいいから）。

学校以外でも、例えば地域警察官をやっていると、24時間勤務の始まりのとき、朝のHR《ホームルーム》みたいな全体集会がありますが（警察署でやる）、そこで上司の地域課長等が、校長先生よろしく訓示をします。このときネタとして『最近感動した本』を紹介するかも知れません。太郎さんがそれに反発せず興味を持てば、買ってみるかも知れません。ちなみに私は若かりし日、読書好きのF副署長にやたら本を貸していただき、とても勉強になりましたが、お返しするときキチンと感想を言うのに苦心した記憶があります。

この読書に関して、全くの雑談ですが──

警察官は、東野圭吾はさすがに知っていても、私のお師匠筋である有栖川有栖・綾辻行人両先生となると、認知度ゼロでした。私の少なくない警察官人生において、名前を知っている警察官に出会ったことがありません（かなりショッキングでした）。ただし、某県のS捜査一課長が「おい古野、『白昼の死角』はいいぞ、読んだことあるか？」といきなり高木《たかぎ》彬光《あきみつ》を切り出してこられたのにはビックリしましたし、警察庁のS審議官が、映画化される遥か以前、出版当時に「東野圭吾の『天空の蜂』はいい」と絶讃していたことも印象深いです。雑談終わり。

警察太郎とIT

さて趣味・読書・情報収集に関連して、警察太郎さんは、SNS等は用いるでしょうか？

年齢と職場文化から考えて、敬遠していると思います。まさか、本名でアカウントを作っていることはあり得ません。世代的にもう少し若ければ……はたまた、昔からパソコン関係が苦手でなければ、適当なアカウント名で情報収集ツールとして用いている可能性もありますが……それでもいわゆるROMる人（読むだけの人）で、まさか、写真などを投稿するアクティブユーザーではありません。最近の若手警察官なら、拝命《はいめい》前にLINEもTwitterもやっていた可能性が大ですが、太郎さんが『改めて始めよう!!』と思う可能性は、低いです。

というのも、シンプルに、リスキーだから。

下手なことを投稿して、職務上の秘密を漏《も》らしたなんてことになってしまえば、、、確実に懲戒処分です。そもそも勤務時間中には職務専念義務がありますから（違反すればこれも処分）、タイムラインのチェックもできない。何より、リアルな世界で仕事・勉強にいそがしい。ちなみに太郎さんの場合だと、私物スマホを交番に持ち込むことすらできないでしょう。おまわりさん用の公用携帯が、全国整備されてしまいましたし……まあこのあたり、私服警察官より遥かに厳しいです。

ただ、前述の『趣味』との関係で、サークル等の連絡ツールとして、非番なり休日なりに用いている可能性はあります。はたまた、職務上、『〇〇交番公式くん』みたいなアカウントの運営をしなければならないときは、上司の様々な決裁をへて、『こんにちは!!　〇〇交番だよ!!　最近、ひったくりがふえているんだ!!』みたいなことを、職務としてつぶやくかも知れません。

これに関連して、ちょっとした閑話《かんわ》をすると――

その昔、『ファイル交換ソフト』に絡んだ情報漏洩《ろうえい》が問題となったとき、なんと、警察職員全員の私物パソコンすべてが（もちろん自宅にある奴）調査対象となったのを思い出します。具体的には、①私物パソコンすべての型番等を一覧で報告するとともに、②その全てについて、ファイル検索その他所要のチェックをし、③その結果のスクショ（スクリーンショット）のプリントアウトを提出しなければならなくなり、同時に、④そのようなファイル交換ソフトを使用した場合『どのような処分でも受ける』旨の手書き／署名押印入り誓約書を書かなければならなくなった――なんていう、懐かしい話です。

私自身についていえば、極めてローテクな警察官だったので隠すこともなく、まして重大事案だったので、まあ必要な措置だと納得はしましたが（どのみち逆《さか》らえはしない）、『パソコン関係というかネット関係は、そこまでやられる』というリスク意識を強く叩き込まれました。もっといえば、『ネット関係で何かやらかしたら、組織に何をされるか分からない』というリスク意識ですが。

こうした先例を考えると、太郎さんが、積極的にSNSを使うとは思えません。リスキーだと述べたのはこういう趣旨です。くだらない独り言が、思わぬ結果を呼び、監察にさんざん調査をされた挙げ句、懲戒処分になんてなったら、安定も信用も将来設計も何もありませんから。

——以上、警察太郎さんの私生活について見てみました。

警察太郎のビジネス環境——公的生活

太郎さんは、交番のおまわりさん（地域警察官）なので、主たるオフィスは交番です。実際に24時間勤務をするのはここで、これは看護師さんにとってのナースステーションであり、コンビニ従業員さんにとってのバックヤードであり、警備員さんにとっての仮眠室であり、しかも、銀行員さんにとっての窓口・応接室です。

といって、太郎さんは、直接交番に出勤するわけではありません。

また、ずっと交番で勤務するわけでもありません。

警察太郎の朝

というのもまず、朝礼なり朝会なりがあるからです。それは警察署の訓授場《くんじゅじょう》・講堂といった施設で行われます。それに出て、24時間勤務についての指示や、当面の重要課題などについての訓示を受けなければなりません。またそもそも警察官は、制服・装備品を自宅に持ち帰れません。それらを保管するのは、警察署です。

こうしたことから、太郎さんは、まず警察署に出勤します。

警察署の更衣室で制服を着、着けられる装備品は着け、受領すべき装備品は受領する。そして朝の指示・訓示を受け、警察署から、自分の△△交番に出撃する——

なお、『イベント期間』においては、あるいは署長・副署長の気合いの入り方によっては、柔剣道の朝稽古《あさげいこ》が開催されますので、制服等を着用する前に、警察署の道場でひと汗（大汗？）流すことになるでしょう。その『熱心さ』も、観察されます。

警察太郎の『出勤』

さて、警察署の直近に交番を置いてもあまり意味はないので（警戒力の重複）、当然、交番までは、そこそこ距離があります。

ゆえに、平均像としては、自転車で出撃することになります。おまわりさんのポリチャリで、悲しくなるほど道交法を守り（さもないと即、署に苦情の電話が入る）、知り尽くした裏道を駆使《くし》しながら、交番へひた駆《か》けます。

ちなみに、私は警察官人生で4の交番を経験させていただきましたが、最初に勤務した交番は渋谷駅前交番（ハチ公口のあれ）でして、これは渋谷警察署から徒歩圏内です。ゆえに、制服姿で、拳銃まで吊って、繁華街の大きな歩道橋を——しかも通勤として——闊歩《かっぽ》するのですが、これはなんとも不思議な感じがしたものです。そんな話を入庁同期にしましたら、ところがその同期は恵比寿《えびす》駅前交番がふりだしでして、「渋谷はまだいいよ。恵比寿は、制服で山手線に乗って交番まで通勤しなくちゃいけないんだから!!」と苦笑していたのを思い出します。

このように、東京その他の大都市、しかもその中心市街地では必ずしもポリチャリを使う必要がないのですが、ステレオタイプとしては、警察署から交番まで自転車で爆走するイメージでよいでしょう。

交番に着いたら、勤務開始です。

交番は二四時間三六五日閉まりませんので、当然、『前日朝から当日朝まで』勤務していたチームがいます。ですので、口頭・簿冊《ぼさつ》で様々な引継ぎをします。といって、みんなで雁首揃《がんくびそろ》えて引継ぎする必然性はないし、朝は朝で通学路の警戒やターミナルの警戒でいそがしいので、フレックスを採用して、例えば半分ずつチームを入れ換えることもあります。

警察太郎の上司・部下・同僚

チームの編制は、千差万別です。

というのも、交番というのは、『寝泊まりする警察官が最低2人いる』施設と決まっているからです。ですので、まさに2人チームの最小編制もあれば、3人、4人、5人……等々もあるでしょう。これは要するに、『ある1日に注目したとき、その交番に何人の警察官がいるか』ということと一緒です。

警察太郎さんは、主任さんですから（巡査部長）、例えば2人チームに入っている可能性もあれば、例えば4人チームに入っている可能性もあります。38歳のベテランなので、1つの交番を任されていてもおかしくはありません。ただステレオタイプとしては、誰もが想像しやすい、駅前交番勤務と設定しましょう。そのような警察官を見たことがない読者の方は、たぶん、おられないはずですから。

さて駅前とか、繁華街にある交番は、とても多忙です。事件事故・事象が多いからです（警察用語でいう『扱《アツカ》い』）。ゆえに『親交番』などと呼ばれ、夜はさらに周辺の子交番の警察官を集め、体制《タイセイ》を強化することもあります。だから、一時的にチームが膨れ上がったりもします。

この親交番のトップは、警部補です。太郎さんが、もうじき昇任試験に受かりたいなあ……と考えている階級でしたね。駅前交番に勤務する太郎さんは、この警部補の指揮の下、仕事をすることになります。

そして多忙な駅前交番ですから、せめて2つ、できれば3つの事象に同時対応するため、5人は配置したいところです。ゆえに、この交番には、そうですね……トップの警部補が1人、中間管理職の巡査部長が2人、係員である巡査が2人、いるとしましょう（警部補と巡査部長と巡査の構成比を、思い出してください）。

警察太郎の職業的立ち位置

太郎さんは、このようなオフィスの中間管理職として、とても理論的には、部下である巡査を指揮しながら、仕事をしてゆきます。

ここで、とても理論的には——と言ったのは、現実はいささか違うから。

現実は、交番においては、警部補以下はほとんど一緒の扱いです。都道府県警察では、警部からがほんとうの管理職だからです。

ゆえに例えば、警部補は交番ではボスですが、自らかなり腰軽く動かなければなりません（「警部補はプレイング・マネージャーであるキリッ」などとキレイな言葉が遣われますが、要は「実働員であることを忘れるなよ」という言葉です）。よって、交番の警部補がやらなければならないことは、巡査部長・巡査と実際上変わりません。

これを太郎さんから見れば、指揮官である上司はいるけれど、そして階級も1つ上だけれど、やっていることは自分と大きく変わらない。自分自身も、交番では中間管理職だけれど、警察全体として見れば実働員。部下である巡査もいるけれど、下手をすれば自分より有能だし、すぐに追い抜かされたりする——

交番は、表現が適切かどうか迷いますが、そうしたある種のるつぼで、カオスです。

ですので、太郎さんと上官の警部補との人間関係は、階級によるのではなく、性格と実力によって左右されます。太郎さんと部下の巡査との人間関係も、まったく同様です。イメージとしては、『①生徒指導のために5人、②ある程度世代別に集まった、③学校の先生のチーム』という感じでしょうか。

ここで①が言いたいのは、まあその、取締りの仕事のイメージ。②は、なんとなくの上下関係。③は、専門も履歴も経験もバラバラで、みんな独立性が強い――といったニュアンスです。学校の先生、という表現をさらに補足すれば、『警察官として想像されるような権力的な上下関係がほとんどない』――といったニュアンスです。ゆえに、交番のチームは、和気藹々《わきあいあい》となることもあれば、御通夜《おつや》になることも、冷戦になることもあります。相性問題から、『チェンジ』が真剣に議論されることもめずらしくありません。

駅前や繁華街はいそがしいので、交番を閉じて総員で対処しなければならない事案も多く、ドタバタドタバタしますから、いってみればチームは『戦友』です。太郎さんも、チームのことを、同僚というより『友達』と感じているはずですし、そう感じられなければ（上下関係がほとんどないから）ケンカするか無視するか、バディとして出るのを避けるか……極論、やってられないや、とゴンゾウ化してしまうかも知れません（ゴンゾウ＝不良警察官、無能警察官、無気力警察官 etc.）。普通は、そこは大人のチームですから、自衛隊さんでいう『ジュージャン』を毎当番やるくらいの人間関係はあるはずですが（ちなみに、警察はジュースじゃんけんでなく『めくり』と呼ばれるものを好みます）、なにせ24時間の泊まりを無数にしますから、その人間関係は、警察の人間関係のうちでも、実はかなり濃密かつ特殊です。

そして、交番トップの警部補は、そのるつぼの中に、24時間単位で一緒にいますから、客観的なマネジメントがなかなか難しい。

ゆえに、最終的な監督者として――いわば『チーム編制を命じた校長先生』として――仲裁・指導・叱責《しっせき》に当たるのは、警察署から1日最低1回は巡視にくる、『地域課長』『地域課長代理』といった警部です。警部は、ほんとうの管理職でしたね。

警察太郎の具体的お仕事

さて、その特殊な人間関係が、まあ平均的に、上手くいっているとして――

警察太郎巡査部長の仕事の中身は、大別して2つです。

1つは、時間割りをこなすこと。もう1つは、行事をこなすこと。

警察太郎の『時間割り』

まずここで、時間割りというのは、何も事件事故がないときに、決められた勤務を、決められた時間、行うことを表現しています。

おまわりさんの時間割りには、『警ら』『巡回連絡』『立番《りつばん》』『見張』『在所』があり、例えば無線で「今強盗が発生したぞ!!」なんて指令が——そんなしゃべり方はしませんが——入らなければ、こうした科目のどれかに従事することになります。太郎さんも、24時間の勤務が始まったときには、既にその日の時間割りを決めて／決められていますので（裁量の部分とそうでない部分がある）、1限目が『警ら』だったとすれば、さっそく交番を出発して、おそらく徒歩でパトロールを開始する。

読者の方にも、警察官の職務質問を受けた経験のある方がおられると思いますが、それは大抵、この『警ら』の科目のときのことです。はたまた、読者の方も、交番の出入口近くで立って警戒をしている警察官を見たことがあると思いますが、それはその警察官が『立番』の科目をこなしている最中だからです。時間割り・科目というのは、もちろん比喩《ひゆ》であって警察用語ではありませんが、イメージとしてはまさに学校の時間割り。1時間単位、2時間単位で、どんなタイプの仕事をどれだけやるかが、ハッキリしています。

警察太郎の『行事』

しかし、太郎さんは、ただ時間割りをこなしていればよいわけではありません。もう1つの仕事——『行事をこなすこと』も、しなければなりません。

ここで、行事というのは、事件事故その他の特殊な『イベント』です。いくらおまわりさんに時間割りがあるといったところで、犯罪者にそんなものはありません。交通事故も、自然災害も時間割りを無視するでしょう。むしろ、時間割りは乱れるのが当然です。

すなわち、太郎さんは何もなければ時間割りをこなしてゆきますが、ひとたび無線指令が入って、事件事故、災害などを認知するに至れば、直《ただ》ちにそれに対処しなければならないのです。というかそれが、交番という出城《でじろ》を、地域社会にひろく分散させている理由です。

もちろん、事件事故といえば、まずは『殺人事件』『銀行強盗』といった典型的かつ物騒《ぶっそう》なものが思い浮かびます。ですが、太郎さんの出番はそういったドラマ的なものだけではなく、あるいは、ひょっとしたらドラマ以上の活躍をします。

例えば、踏切にトレーラーが突っ込んだとか、化学工場が爆発したとか、極左が飛翔《ひしょう》弾《だん》を発射したとか……はたまた、ほんのコツンとかすめた物件事故とかも、まずは太郎さんの出番です。もっといえば、立ち飲み屋でのケンカ、書店での万引き、JRでの痴漢、指名手配犯に酷似《こくじ》した者の発見、首吊り死体の発見、迷い子の発見、一般民家からの違法駐車の苦情、右翼の街宣、もちろん自転車盗に覚醒剤の所持……これすべて最初は、太郎さんの出番です。

要は、太郎さんの仕事には、タテワリの境がないのです。

太郎さんは、地域警察官ですから、およそ警察が対処すべきものであれば、すべてに臨場《りんじょう》しなければなりません。物理的にできなければ——他の事件事故の処理に当たっているなど——無理ですが、そうでなければ、全ての警察事象について、太郎さんは責任を負います。太郎さんのみならず、交番のチーム全員が、交番の縄張りについては、連帯責任を負っているのです。ちなみに、日本のすべての地域は、必ずどこかの交番・駐在所の縄張りに入りますので、読者の方が今おられる所も、どこかの交番等のチームが、連帯責任を負っている場所です。この連帯責任も、交番制度の特徴です。

　さてしかし、太郎さんは飽くまで交番のおまわりさんであって、例えば死体見分のスペシャリストでもなければ、交通事故処理のエキスパートでもありません。そもそも時間割りがありますので、何日も何日も、1つの事件事故を担当するわけにもゆきません。

――ここで、「時間割りより事件事故が大事だろう？」「最初に担当した警察官が、ずっと担当を続ければいいのでは？」と思われる読者の方も、おられるかも知れません。しかし、この話を単純化すれば――『事件事故を担当する』『担当を続ける』とは、要は『交番を閉めること』『交番の仕事をすべて中断すること』です。24時間開いているはずの、治安のコンビニエンスストアがずっと閉まっている、あるいは閉まっている時間の方が多い――そうなると、怒るお客さんも、とても困るお客さんもいるでしょう。『時間割りどおり、24時間開店している』というのも、太郎さんたちにとって大事な仕事で、そうしていないと、時に「お前のところはいつも鍵《かぎ》閉めて不在じゃないか!!」「この税金ドロボウ!!」と怒鳴《どな》られたりもするくらい。

　ゆえに、太郎さんには全ての警察事象について責任がありますが、それはいわゆる

『初動警察』のステージにとどまることと決められています。すなわち、スペシャリスト、エキスパートがやってきて、事件事故を引き継ぐまでのあらゆる措置が——そしてそれだけが、太郎さんの仕事です。先の連帯責任とあわせ、この『初動のすべてを担当する』というのも、交番制度の特徴です。

以上2つ、すなわち時間割りと行事をこなすことが、太郎さんの仕事の中身です。

警察太郎の退勤

太郎さんは、朝から24時間勤務を始めて、交番を出たり入ったりしながら、あるいは交番の前で立ちながら、昼御飯をとり、夕御飯をとり、あるいは夜食をとり、状況が許せば4時間の仮眠や食後の仮眠をとり（行事が起これば叩き起こされます）、翌朝、次のチームへの引き継ぎまで頑張ります。

そして警察署に上がり、所要の報告をしたり、装備品を返納したり、勤務中に書類仕事が発生したならばそれを仕上げ、あるいはそのチェックを受け、何もなければ着換えて私服になり帰宅——となります。

状況が許せば、泊まり明けの午前中には警察署を離れられるでしょうが、公務員の仕事というのは、増えはしますが減りはしないし、とりわけ新しいタイプの書類仕事は次々と生まれますから（カンタンな例を挙げれば、法改正で新たな権限が付与されれば、それに伴う書類・書式を作らなければなりません。もっとしみじみした例だと、その府県警察で不祥事《ふしょうじ》が1つ起これば、様々なチェック表が新たに生まれます……）、24時間勤務が明けたその午前中に退勤するのは、難しいかも知れません。

まして、太郎さんは例えば捜査のエキスパートではないので、『初動警察』の段階で作成した書類が、エキスパートに厳しく添削されることになります。昭和の頃、あるいは私が警察官になった頃は、まだ万事おおらかだったので、明けた日にそのままぱちんこ、映画、ショッピング等に出て、夜は仕事仲間と一杯――なんて、ほとんど寝ないで遊ぶこともありましたが、今はそれどころではないでしょう。

いずれにしても、24時間勤務の次の日は、何時になるかはともかく、任務解除以降はフリー。そしてその翌日はふつう、休日です。これを『指定休』などと呼んだりもします。

まとめると、太郎さんの勤務サイクルは〈当番‐非番‐休日〉となり、これがえんえん繰り返されるので、3交替制と呼ばれます。警視庁だけは別で、4交替制です。

ただ、その昔、週40時間労働制となる前は、3交替制とは〈当番－非番－日勤〉のサイクルだったそうで（さすがに経験がないので知りません）、これは聞くからにキツそうです。といって、今でもわざわざ『指定休』などと呼ばれているだけあって、現在の3交替制でも、休日と呼ばれている日は、一〇〇％休日ではありません。すなわち、日勤を指定される日もあります。また、外国の要人が来るのでとんでもない警戒態勢をとらなければならないとか、はたまた、その警察署で無線機をなくしてしまった痛い子がいた——太郎さんでなければよいのですが——となったら、すぐに〈当番－非番－当番〉の2交替制にされるでしょう。もちろん、1日当たりのマンパワーを、警察官の睡眠・休息と引き換えに、増やすためです。

警察太郎の職場環境——ハード面

最後に、警察太郎さんのビジネス環境のうち、ハード面を見てみましょう。

交番はおおむね狭いですが（公的部門は予算がない……）、駅前交番となると、たいていはとても、、、狭いでしょう。駅構造物に埋め込まれていたりしますし。ただ、駅前再開発が進んだ降り口であれば、どうにか便乗して、女性用トイレが設置できるほどには広い施設に改修できた可能性があります。ちなみにトイレの話が出たので言うと、狭い、昭和の香りがする交番で洋式を期待するのは無理でしょう。男性であれば、ハネと角度を気にしなければならないような空間感覚が必要です。

『カウンタ』のない交番はないはずです。もしあっても、それに類する障壁はあるはずです。無ければ、いきなり襲われるからです。このカウンタがある、まあ、ロビー部分がメインオフィス。駅前交番ともなれば、たいていは取調べ、事情聴取等のできるサブオフィスがありますが、最近は、交番で『取調べ』を行うことは実務上、無いか稀《まれ》なはずです。1つには、取調べ監督が難しいからです。

ちなみに昔は、この、カウンタ内のメインオフィスで、①脱帽して、②喫煙しながら、③缶コーヒーを飲んでいても許されるような雰囲気でしたが（市民から丸見え!!）、さすがに現在では、処分の対象でしょう（実はその昔でも、警視庁はとりわけ厳格で、そんなことは絶対にできませんでした。①だけでも無理でした。だから、渋谷駅前以外の交番に勤務したとき、文化の違いにビックリしたものです）。

　さてあとハードとしては、役所っぽいスチールデスクか、役所っぽいアイボリーのデスクが、必要最小限分。個人ごとには割り当てられていません。施設そのものが、3交替制の施設だからです。この、個人割り当てでないという点は、立番《りつばん》のおまわりさんが時々構えている『ひのきのぼう』みたいなあの警杖《けいじょう》とか、民間でも利便性が認められているあの刺股《さすまた》などの装備資器材についても、同様です。布団と枕についても。これらは紙カバー等を使って、できるだけ汚さないよう共用します。布団を敷くのは、たいてい奥の方か、あれば二階にある畳の間ですが、狭い交番だと、スチールデスクの島の上に（さすがに1人分）敷いてしまうこともありました。そしてこの畳の間か、お客様から見えないオフィス部分で、出前の麺類だの丼物だのをいただきます。あまりにドタバタしていれば、食べる時間もありませんが……5時間遅れの昼御飯が、ラップの下でぶよぶよになっている脂《あぶら》の固まったラーメンというのも、かなり悲しいものがあります（「だから今日は汁物はやめろと言ったのに!!」と怒られた記憶がいま甦《よみがえ》りました）。

　ハードの維持・運営について言えば、我らが太郎さんは巡査部長ですし、先に言った交番の文化からも、自らお茶を淹《い》れます。そして警部補にお茶を淹れ、店屋物のお皿を洗い、布団を敷き／たたみ、ゴミをまとめ……要は、自分のことは自分でします。また、先に気付いたなら、他人のことも自分でやる立場です。

もしチームが機能していれば、そうしたことは、巡査が気働《きばたら》きをして先回りするでしょうし、太郎さんは38歳のベテランですから、ふつうは周りも立ててくれます。でも、警察署そのものにおけるほど、上下のラインは厳しくない。したがって、『友達』『先輩後輩』と雑用を譲り合うようなかたちになるのが一般的でしょう。ただ、さすがにトイレ掃除とか生ゴミの処理までは、巡査がやらせないはず――このあたり、先の、教師のチームの喩《たと》えを当てはめてもらえばよいと思います。

なお交番は、男女比からして当然ですが、『男くさい』『男やもめの感じがする』施設です。山小屋とか、合宿所みたいなものでもありますから。太郎さんは諦《あきら》めの極致で何も感じませんし、読者の方――市民には、我慢していただくしかありません。

警察太郎の世界観――マインドとパラダイム

本書は学問的なものではないので（個人の雑記です）、ここでは『マインド』を物の考え方、『パラダイム』を考え方の枠組み、とザックリ決めてしまいます。すると――

我らが警察太郎巡査部長（38）は、どのようなパラダイムを持っているでしょうか？　念の為に言い換えれば、これは、「全警察官の平均としてのステレオタイプが、どのような考え方の枠組みを持っているか？」ということです。

正義パラダイム

まず第一に指摘できるのは、『この世には正義がある』というパラダイムです。これは、パラダイムの中でも、文字どおり世界観と呼べるものでしょう。そもそも、警察官という職業を選ぶ時点で、多かれ少なかれ、このパラダイムを持っています。そしてそれは、外部に対して閉じた共同体の中で、反復して学習され、強化されます。

もっといえば、警察太郎は、経済的な損得よりも、道徳的な正邪を優先するということです。警察太郎にとっては、『カネより正義・仁義』です。

この経済的な損得について、もう少し考えると、なるほど警察官は先述のとおり、とりわけ今の時代、『薄給』とは言えません。安定しています。大きな信用もあります。

しかし、それらの経済的利点は、実は他の公務員と大きくは変わりません。

変わりが生じているのは、一般職の公務員でなく『公安職』の（警備公安の『公安』とは関係ありません）公務員という位置付けなので、微妙に本俸が高く設定されているから。それもわずかな差ですし、例えば24時間勤務とか、例えば命・体を懸けるとか、そうした大きなリスクに対する代償です。それも、全然足りない代償です。諸手当がやや多いのも、超過勤務だの深夜勤務だのが多かったり、死体を取り扱ったり、火災を処理したり、交通事故現場で活動したり等々、自分・健康を懸けたバクチをしているからで、これまた全然足りない代償です。

要するに、キツい。キツいから薄給ではない。薄給ではないが、キツさからしたらコスパが悪すぎる。

だから総合的に見たとき、経済的利点のために警察官になるのは、合理的な選択とはいえません。そのようなことは、現場で巡査を1、2か月もやってみればすぐ解ります（だから前述のM指導係長は、冗談めかして言ったのです）。

警察太郎さんも、就職するとき、採用面接で「困っている人を助けたい」「悪い奴を懲らしめたい」「犯罪をなくしたい」「交通事故をなくしたい」みたいなことを言ったはずです（こんなシンプルな表現は用いなかったでしょうが）。そうでなければ、警察などという会社の門を敲《たた》くこともなかったでしょう。他の公務員とかを目指せばよいはずです。そして、この時点では、右のような厳密なソロバン勘定ができませんので、その気持ちは、漠然としてはいるものの、なおさら純粋かも知れません。

しかし、その漠然とした純粋な正義パラダイムは、まず警察学校での長い教養《キョウヨウ》（＝教育訓練）を通じて具体的に学習され、より研磨されます。次に、職場での実務経験を通じて、強く反復学習されます。もちろんここで『学習』といっているのは、警察行政法がどうだとか、術科訓練がどうだとか、鑑識技能検定がどうだとか、そういう科目のことではありません。正義パラダイムに特化した話です。

具体的に言いましょう。

就職以前の警察太郎さんにとって、犯罪者というのは、ドラマの登場人物であり、法学のテキストの中のＡＢや甲乙でした。ところが、いざ警察官になってみれば、それは自分が職務質問をかける不審者であり、取調べをする被疑者であり、ひょっとしたら拳銃を撃ち込む対象です。また、犯罪者をどう捕まえ、どう移動させ、どう処理するのかも具体的に修得します。犯罪者のしたことを、どう物語として書類に落とすかも。どう格闘して、どう制圧するかも。要は、『悪』が、より具体的で緻密なイメージとなって埋め込まれます。

そして現場に出れば、いよいよ『悪』は可視化されます。

留置場にいる被疑者。現行犯逮捕されてきた痴漢。任意同行してきたシャブ中。無銭飲食をするプー。取調べ室で怒鳴る暴力団員。20年潜伏していた極左。パトカーを破壊する非行少年。あおり運転を繰り返す悪質ドライバー……

警察は、こうした具体的な『悪』を、一手に引き受ける総合商社です。競合他社はありますが、それらは機能特化していたり、規模が極端に小さかったりしますので。ゆえに、小さな警察署レベルであっても、悪の見本市が開催できます。

そして、『悪』が可視化されるということは、『善』も可視化されるということ。

それは、具体的には被害者であったり、被害者の親族・恋人であったり、被害者遺族であったりします。あるいは、犯罪・事故に不安を感じ、悲しみ、憤《いきどお》る参考人だったり、地域の住民であったりもするでしょう。そしてそれを助け、癒《い》やし、どうにか平和を取り戻して差し上げることは——『正義』です。とりわけ被害者のことを思うとき、この言葉はとても現実的で、真に迫るものとなります。許せない、という動機付けとともに。

　これについて、警察太郎さん38歳のことを考えると――

　彼は交番のおまわりさんで、『初動警察』担当ですから、真っ先にホットな現場に『第一臨場』して、被害者被疑者入り乱れる修羅場に突撃するのが仕事です。最前線の実働員です。だから見方によっては、事件処理をするエキスパートたちよりも、もっとナマの善悪にさらされます。体を張るような事案であれば、まさに戦場。最前線で、『悪』と対峙するのが日常の仕事です。いえ、もっといえば、ホットな事案が発生していないときでも、先述の時間割りをこなしながら、『悪』を嗅《か》ぎ分けて狩り出す必要があります。これまた戦場です。

　こうした日常の中で、『善』『悪』『正義』についてのパラダイムが固まってゆくのは、それが敵のある戦争であるかぎり、必然的でしょう。裏から言えば、善があって、それを助けるのが（時に命懸けで助けるのが）自分の仕事であるとき、自分の仕事を『正義』だと思わなければ、とても体は張れません。

　このように、採用以降の教養《キョウヨウ》から、そして日常の実務の積み重ねから、『この世には正義がある』というパラダイムが形成され、強化されてゆきます。

若干《じゃっかん》の補足をすれば、この正義パラダイムを強化する要素は、他にもあります。例えば、何故警察学校ではジャージ以外の私服を着てはいけないか。何故しばらくの間は外泊が禁じられるか。何故ベッドメイクをキチンと行わなければならないか。何故上官に出会ったら直面して敬礼の先制攻撃をしなければならないか。何故靴はいつもピカピカに磨いておかなければならないか……それは、『そう決まっているから』。

あるいは例えば、何故職務質問では対象を強制的に停止させてはならないのか。何故交番に同行するにも対象の承諾が必要なのか。何故対象のポケットに手を突っ込んではいけないのか。何故警察官の判断でバッグを開いてはいけないのか……それは、『そう決まっているから』。

はたまた例えば、何故取調べ室でカツ丼を食べさせてはならないのか。何故取調べ室で今持っている『午後の紅茶』を飲ませてはならないのか。何故1日8時間を超える取調べには署長の承認が必要なのか。何故取調べで思わず机をバンと叩いてしまったことが問題とされるのか……それは、『そう決まっているから』。

――警察官には、そのミッション達成のため、様々な権限が与えられています。それは、人の権利義務にダイレクトに影響しますから、国会が、法律によって与えます。はたまた、警察官には他の公務員とは異なる職務倫理が必要ですし、上官の命令に服する義務もありますから、規律を保持するため、様々な命令が発せられます。

それらが、現場警察官の視点からは、『そう決まっている』ルールになる。『そう決まっている』ということは、議論の余地がないということ。議論の余地がないということは、部分社会において絶対の『正』『善』であるということ。よって警察官は、規律を保持した法令の執行者であるべく、『そう決まっている』善をオートマチックに行う必要があります。そして、『そう決まっている』善以外は、昇任試験のマークシート問題ではありませんが、『誤』です。だから警察太郎さんも、警部補昇任試験を控え、必死に『正』『誤』を、ひょっとしたら1日一〇〇問ほど解いているかも知れません。

この『そう決まっているから』思考が正義パラダイムを強化するのは、必然的です。

オール・オア・ナッシング・パラダイム

警察太郎さんのパラダイムとしては、次に、オール・オア・ナッシング・パラダイムが挙げられます。これは正義パラダイムと密接に関連し、相互に補強しあいます。

これは、『善』『悪』の二元論に加え、『百か零《ゼロ》か』『全か無か』『できたかできないか』『有能か無能か』『味方か敵か』――等々という、白黒ハッキリつける考え方の枠組み。裏から言えば、グレーゾーンとか、中間点とかのないパラダイムです。よって、判断を保留するとか、とりあえず棚上げするとか、物事を多面的に見るといった、よい曖昧《あいまい》さを欠くパラダイムでもあります。

このパラダイムは、正義パラダイムよりも後天的に――すなわち実務経験を通じ、第二の本能として形成されます。

例えば、警察官の勤務評価について考えてみましょう。

やはり我らが警察太郎さんについて言えば、その仕事は時間割りと行事対応です。時間割りの代表例は、警らです。パトロールです。ところが犬のおまわりさんではないので、ただ散歩すればよいというものではありません。

①まず最低限、制服のプレゼンスを地域に見せつけることによって、犯罪者の犯意をくじき、善良な市民の安心感を高める必要があります。②そしてもちろん警察官の外回りですから、「あっおまわりさん、ちょうどよかった、今ウチのマンションで人が暴れてて!!」「あのう、ちょっと道をお尋ねしたいんですが……」等々の急訴《きゅうそ》なり市民応接なりに対応する、出前交番機能も果たさなければなりません。③あるいは、交番の縄張り内の地形地物、危険箇所、要注意箇所をチェックし又は新規把握しておかなければなりませんし、④先述のとおり、戦場における狩りをしなければなりません。具体的には、不審者の発見と先制的な職務質問・所持品検査です。

このように、警察太郎さんの仕事は、警らだけでも、多目的で多機能です。

ところが……

実際のところ、組織・上司から認められ褒《ほ》められ、あるいは勤務評価に響くのは、④です。④だけです、というと現場の管理職各位に怒られてしまいますので、そこまでは断言しませんが、①②③が評価しづらいのは客観的事実です。

というのも、④は『結果が出る』から。もっといえば、『数字が出る』から。職質検挙に至れば、もちろん実績で、数字です。文句なしの評価ですね。ただ、そうでなくとも、積極的に職質をしているかどうかは、諸々の手段により確認可能です。それも、客観的に評価できます。

しかし、①のプレゼンスの実態は、理論値すら出ません。②は件数はカウントできますが……具体的な事件事故の処理につながったのなら別論、地理指導や相談事や手続の説明等の件数をカウントしてしかも評価するのは、ちょっと、問題があるでしょう。警察太郎さんはマジメな人という設定ですが、それらが評価されるとなれば、『警ら中に、懸命《けんめい》に道に迷っている人を捜す』ようになってしまうから……そして③の縄張り実態把握は、交番の活動にも警察署の活動にも無茶苦茶役立つのですが、これまた客観的な評価が難しい。1つの教室設例として、例えば「ゲリラ豪雨のとき危険だから、縄張り内のアンダーパスを全て洗い出して、冠水の危険性と一緒にリストにしよう‼」というのは立派すぎる実態把握で、いつか必ず役に立つのですが、じゃあアンダーパスのデータ1件で評価がどれだけ……というのは、あり得ないですよね。これまた警察太郎さんが、ネットが閲覧できる端末で、『警らのコマに、グーグルアースだけを駆使し始める』ようになります。

と、いうわけで。

組織・上司としては、④の職質検挙等を実績評価のキーとするのが、最も安全と考えてしまう。そうすると何が起こるか？

『できたかできないか』です。少なくとも、『職質を掛けたか掛けないか』。このような、客観的に数値化できる実績を顕在《けんざい》実績といいます。そして①②③のようなそうでない実績を潜在実績といいます。そして組織・上司が特段の工夫をしないと――陳腐《ちんぷ》なマネジメントに終始していると――いわゆる件数主義が跋扈《ばっこ》し始めます。

すると警察太郎さんも、時間割りと行事対応を24時間勤務でこなしつつ、『できたかできないか』に苦悩することになる。朝イチで時間割りを始めたときからそうです。というのも、24時間後には結果が出ていますから。それは『その当番での結果』。それが、『その月での結果』になってゆき、『上半期での結果』になってゆき、『年間の結果』になってゆき、通知表に――勤務評価になってゆく（とても単純化しています!!　そもそも警らの話しかしていないことを思い出してください）。

毎当番毎当番、このようなマインドに取り憑《つ》かれていれば、オール・オア・ナッシング・パラダイムが形成されないほうがおかしいでしょう。

このパラダイムが形成される、他の要因としては――

例えば、昇任試験。これも『合格するかしないか』の、白か黒かです。どれだけ睡眠時間と余暇《よか》を削ってＳＡ（選択式問題）や論文対策をしても、それはいわば潜在実績。顕在実績となるのは、最終の面接＋術科試験をパスしたときだけ。年に1回の機会で、階級章も役職も本俸も『変わるか変わらないか』白黒つきます。しかもそれは、警察太郎さんの場合、制服の左胸でいつも分かるもの。まあ私服でも、オフィスの同僚の階級を知らないなどということはあり得ないのですが。

また例えば、書類作成。これも『使えるか使えないか』すぐ判定されます。警察太郎さんが作成する書類は、初動警察としての、初期段階のものに限られますが（微罪・簡易書式は別）、それはエキスパートに引き継ぐために作成する書類です。ゆえに、24時間勤務が明け、警察署のエキスパートに届けた段階で――あるいは交番部門内のチェック係に提出した段階で、「ここがダメ」「これが抜けてる」「意味が解らない」「足りない」「全部やり直し」等々の添削なり校閲《こうえつ》なりが、厳しく行われます。もちろん個々の書類について『使えるか使えないか』が瞬時に判定されてしまうわけですが、それはつまり、警察太郎さんそのものが『使えるか使えないか』に直結しますよね。

これは、決裁一般についても言えます。役所は紙文化・ハンコ主義ですから、たいていのことは――時間休の取得から事件処理に至るまで――必要な書類と、上司のハンコが必要です。書類は、厚紙二つ折りの決裁挟《ばさ》みに挟んで、上司のデスクまで直接持ってゆきます（警察はあまり『置き決裁』『決裁ボックス』を好みません）。そして上司に諸々のプレゼンをして、どうにかハンコをゲットするわけですが、上司がハンコを押す押さないは極論気分次第なので、これまた『もらえたかもらえないか』『決裁してくれたかしてくれなかったか』という、白か黒かになります。

　最後の例として、警察太郎さんが苦心して検挙した被疑者が、例えば『起訴になったかならないか』『有罪が確定したかしなかったか』もまた、オール・オア・ナッシングです。警察にどのような言い分があれ、起訴するかしないかは検察官の専権事項ですし、起訴してくれたとして、じゃあ裁判所がどうジャッジするかは、裁判所の憲法上の専権事項です。太郎さんが久々の職質検挙でシャブ1件の顕在実績を挙げたとしても、太郎さんのちょっとしたミスで検察官が「こんなことしてくれちゃ起訴できるわけないでしょう」「いやこれすぐに釈放でしょ」と怒ってしまうかも知れません。また、全然ミスがないと思っていても、裁判所が「警察太郎巡査部長の所持品検査にはこれこれしかじかの違法が認められるところ、当裁判所としては、そのように令状主義を潜脱《せんだつ》し没却《ぼっきゃく》するがごとき重大な違法を容認することは到底認容できずアブラカダブラ……（翻訳・お前のやった仕事はデタラメだ）」とかなんとかで無罪にしてしまうかも知れません。そうなると実績転じて不祥事です。オール・オア・ナッシングであり、オール・オア・マイナスになる。

このように、実務経験の積み重ねにより、オール・オア・ナッシング・パラダイムは強化されてゆき、それがまた、本来的に持っていた正義パラダイム――『この世には正義がある』パラダイムを強化します。

言うまでもなく、正か誤か、正義か悪かという二元論に直結しているからです。

警察太郎のマインド

他にも興味深いパラダイムはありますが、紙幅の都合から、以上2パラダイムから導かれる具体的な考え方――マインドを幾つか、思いつくままに記します。

重ねて確認しておきますが、警察太郎巡査部長はステレオタイプですので念の為。血液型占いとか、十二星座占いをイメージしてください。

A　自己犠牲マインド

基本的に正義を信じているので、道義的に正しい行いをしようとします。またそれは、組織から厳しく『正解と誤り』が指導されているので、誤りの実行によるリスク（評価の低下、処分）を、絶対に避ける戦術でもあります。

そうすると、経済的な損得を超えて、タスクを果たそうとします。『あれこれ計算して逃げている』と思われるのを、とても嫌います。

職務においては、同僚の嫌がることを率先してやるのが美徳ととらえ、職場においては、自分が我慢することで他者・他の集団を立てようとします（警察太郎さんが、交番で率先して下働きをするのはこのためです）。

私生活においても、一般の市民が当然だと思うことも（例えば、勤務時間内の休憩の時間にdocomoショップへスマホの調子を診《み》てもらいにゆくとか、外回りのついでに通帳記入をするとか、誰も見ていないときに横断歩道を赤信号で渡るとか）、合理性・常識を超えて自制します。正義に反するのと、バレたときのリスクが大きいからです。よって警察太郎さんの人生は、極めてストレスフルです。とりわけ私生活への統制は、退職するまで重く、厳しく感じられます。

しかし、その自己犠牲のストレスを「当然のものだ」と考えているかというと、決してそうではありません。警察官であるからこうなのだ。警察官でなければあれもできる。自分はそれを我慢している。その自分の自己犠牲は、常に意識されています。したがって、言論が安全なシーンでは極めて愚痴《ぐち》っぽくなりますし、基本、「自己犠牲に見合った処遇は受けていない」「自分は出力に比して損をしている」と考えます。それが臨界点に達すると、ニュースに出るような痛い系の不祥事になります。

B　諦めマインド

正義は、自分を超越したものです。正解は、組織から与えられます。

そうすると、とりわけ職務上、警察太郎さんの自由意思というか裁量は、ほとんど認められません。『決められたこと』を実行し、『決められたとおり』評価されるだけです。むろん、公務員組織の常として、上位の公務員になればなるほど、自分の意思を職務に反映させることができます。しかし太郎さんの場合だと、まだ巡査部長ですので、マネージャーとしての職務はありません。プレイヤーです。まして交番には時間割りがあり、実績管理もあります。加えて、「モノを言いたければ星の数を増やせ」という文化も、「上が断言したことに、正面切って逆らうのは無理」という文化もあります。

そうすると、警察太郎さんとしては、『外的要因は自分では変更できない』という諦めモードに入ります。すなわち、順応・同化・保守がマインドの基本となります。だから、ここでいう『諦め』とは、無気力のことではなく、世界はこういうものだという諦め、ルールは決まっているという諦め、土俵《どひょう》は変えられないというそんな諦めです。

そこから、「だから頑張って星の数を増やす‼」「だから頑張って実績を挙げる‼」「だから頑張ってスペシャリストになる‼」という正のモチベーションが生まれるか、「どうせ何を言ってもしょうがない……」「自分は兵隊だから仕方がない……」「ただ毎日の仕事をこなしていればいい……」「あまり将来はないから定年まで無難に過ごしたい……」という負のモチベーションが生まれるかは、それぞれです（負のモチベーションが生まれたときは、Aで述べたマインドから、強い背徳感も生まれ、どこか後ろめたく、どこか陰湿なサボタージュにつながります）。

太郎さんはまだ38歳で、あと20年以上勝負がありますし、マジメな設定ですから、

「警部補になって、本俸も手当も上げよう」「実績を挙げてエキスパートに認められよう」「警察署勤務に引き上げてもらおう」という正のモチベーションを、持っていると思います。

C　敵味方マインド

2つのパラダイムからの、当然の帰結です。味方でなければ敵ですし、敵は、少なくとも自分の正義に反するものですから。

このマインドは、部内において顕著《けんちょ》です。交番も閉じた世界ですが、警察署も、警察そのものも圧倒的に閉じた世界です。警視庁等は別格ですが、全国フラットにおしなべてみれば、大きな警察署といっても三〇〇人程度。高校の1学年より少ないくらい。まして、それは城塞です。物理的にも心理的にもそうです。遠洋に航海に出ている船、といってもいい。そこに、部分的な濃淡はあれ、一般社会より遥かに濃密な人間関係が形成されない方が不思議です。

警察太郎さんも、自分の交番のチームや、他の交番のチームを知り尽くしていますし、書類を出しに行ったりすることで、エキスパートたちのこともよく知っています。38歳ですから、署内には、ある程度の比率で、昔お世話になった先輩も、昔面倒をみた後輩もいるでしょう。拝命同期（同期入社）がいるかも知れない。はたまた、署長副署長のキャラ属性など、もちろん承知の上です。

そうすると――

「あの人は自分によくしてくれる」「アイツには酷《ひど》い目に遭《あ》わされた」「噂によれば、あの新入りは流されてきたらしい」「刑事風吹かせやがって」「あの子は若いが気が回る」「いい人なんだけど逃げ足が速いよなあ」等々の、自分なりの人事査定を、ほとんど終えています。その査定項目は、『警察一家としてどうか』そして『仲間としてどうか』――要は、変えられない文化にキチンと同化しているかどうかと、ちゃんと自己犠牲を払っているかどうかです。ここで既に、味方が識別され、ゆえに敵が発生します。

また、『よく分からない』という識別結果も、実は敵としてカウントされがちです。それはつまり助けてくれないということであり、存在しないも同然であり、また、よそよそしさなり秘密主義なりがイラつくからです（ここは閉じた城塞で、遠洋航海をしている船で、せいぜい高校の学年規模ですので）。例えば警備部門が嫌われがちなのは、このためです。

そして更に、この敵味方マインドは、市民に対しても発揮されてしまう……
それが、次のDのマインドになります。

D　善良な市民と悪い市民マインド

警察官の仕事は、犯罪捜査をするか（取調べ等）、行政事務を処理するか（拾得物の扱い等）、市民サービスを行うか（地理指導等）です。そこには必ずお客さんがいます。被害届を出しにくる被害者、遺失物が見つかった遺失者、道に迷った御老人などなど。というか、警察の仕事の大半は、市民とコミュニケーションをすることです。警察はモノを売る会社ではありませんので。『お客さんとのコミュニケーション自体が仕事』といってよいでしょう。そのため警察では、若手警察官に話し方講座などを設けてもいます。

さて、ならばその『市民』とはどういう人か、もう少し考えてみると、それは――①困っている人か、②困らせている人か、③ともに困ってくれる人のいずれかです。

ここで、被害者とか遺失者とか迷い子とか被災者は、当然①ですよね。被疑者、不審者、犯罪者、交通事故の第一当事者、暴力団員、非行集団のメンバー、極左の活動家、スパイ、カルトのテロリスト等々は、当然②です。

あとどのような市民と接するでしょうか？　例えば『警察に協力してくださるボランティアの方』となると、一緒に仕事をするパートナーといえます。『他の行政機関の公務員』もそう。『弁護士さん』は②の代理人でなければ、やはり一緒に仕事をするパートナー。『貴重な情報を提供してくださる方』も、パートナー。これらの人々を、③ととらえましょう。

そしてザッと考えるに、①②③以外のお客さんは、いません。

というのも、①②③以外の人々は、警察と関係する必要が全くないので――するとこれらの人々は、たちまち色分けできます。①③は正義で、②は悪。①③は味方で、②は敵。グレーゾーンというか、中立者はいません。

変動はあります。例えば③が十分に協力してくれないとなると、たちまち悪で敵になる。②が改心したとなると、味方になる。あるいは①が（警察の主観からすると）ゴネだしたり、クレーマーになったりすると、敵になる。オール・オア・ナッシングです。

言い換えれば、警察は、正義を実現する会社であるがゆえ、例えば「ちょっと物件を見せてください」「カレーの甘口はどこにありますか？」「ポイントカードを作りたいんですが」という、民間でいえばアタリマエの、ニュートラルなお客さんというのが、考えにくいのです。そして民間と違うだけでなく、公的部門としても特殊です。というのも、例えば「住民票の写しをください」という市民と、「運転免許の更新に来ました」という市民は、全然違うから。前者は極めてニュートラルですが、後者は『交通安全という正義のために吟味《ぎんみ》すべきお客さん』『正義のために善導すべき対象』だからです（すなわち①＋③です。でも窓口でゴネ出せばたちまち②と判別されるでしょう）。

これは、交番で勤務する警察太郎さんにとって、より顕著です。というのも、交番は出城《でじろ》で、したがって最前線だから。

時間割りで立番《りつばん》を行っていても、いきなり刃物で襲撃されることは、日常茶飯事です。警らでもそう。職務質問ならもっとそうです。ゆえに、まず不審者かどうかを瞬時に見極めなければなりませんし、そうだとして、今度は自分に対する脅威や逃走リスクを瞬時に見極めなければなりませんから。これまた、いきなり脇腹を刺されますから。あるいは、公道で交通事故を処理しているときだって、不注意なドライバーが自分目掛けて突っこんで来る（実際、殉職《じゅんしょく》のほとんどのパターンは、凶悪犯の凶弾に倒れることではなく、警察官が事故処理中、車に轢《ひ》かれることです）。

ゆえに警察太郎さんほど、殉職リスクにさらされ、したがって『悪い市民』を常日頃、24時間ずっと意識している人は、いないでしょう。死にたくないですから。それを象徴しているのが、制服の上に着用しているあの『対刃防護衣《たいじんぼうごい》』です。

このように、太郎さんは、日常の勤務を通じて、『善良な市民と悪い市民』の二元論を学習・強化してゆきます。

ゆえに、これまた立番のケースを考えると――

例えば、極めてニュートラルな、平々凡々なサラリーマン風の市民が近よってきたとする。太郎さんは平均的な能力の持ち主ですから、危険な間合いに接近される前に、その市民をロックオンします。そしてきっと先制的に、「はい、どうされましたか？」と訊くでしょう。必要な間合いを確保しながら、そして相手の挙動、服装、容貌、とりわけ手の動きを観察しながらです（このあたりで、既に『悪い市民』への警戒警報が鳴っています)。

すると大抵は「電車の中に、スマホを置き忘れてしまって……」「税務署へゆくには、2番のコミュニティバスでよかったでしょうか?」みたいなことになるので、やや警戒水準を下げ、遺失届出書の準備なり、地理指導なりに入る。それを通じた会話と相手の反応で、いよいよ警戒の必要ナシと判断できれば、これすなわち『善良な市民』だったと判別し終え、警戒警報が解除される。

――太郎さんは38歳のベテランですので、人懐《ひとなつ》こく話すとは思います。でももし、読者の方の中に「ただ道を訊きに行っただけなのに、おまわりさん無愛想だったなあ」「被害届を出したいと言ったら、なんか睨《にら》まれたような気がしたよ」といった感想を抱かれた方がおられるとしたら、それは警察官に悪意があったのではなく、読者の方が『善良な市民』なのか『悪い市民』なのか、どうにか見極めようとしていたからです。

そしてまた、太郎さんは38歳のベテランなので、10人のお客さんのうち9人以上は、『善良な市民』だということも解っています。すなわち、太郎さんは日がな一日、『悪い市民』のことを考えてはいますが、それが圧倒的少数であるということも理解していま す。市民不信はありませんし、市民が敵だなどということも、まさか考えていません。

ただ、その10人のうち1人未満の誰かは最悪、太郎さんを殺す者なので、警戒水準を上げざるを得ない。交番に必ずカウンタがあるのも、職務質問のとき何だか包囲するような陣形をとるのも、その象徴です。

このように、『善良な市民と悪い市民』のマインドは、それが適正に発揮されているかぎり、有害でも病的でもないです（職業的な性格傾向でしかない）。しかし時折、このマインドそのものが持つ脆弱性《ぜいじゃくせい》によって、恐ろしい結果を招くこともあります。例えば、犯罪被害者（あるいはそうなる確率が極めて高い方）に対する、リスク評価の誤りです。

そもそも太郎さんは『正義パラダイム』を持っていますので、『真っ当なことをしていれば報われる』『真っ当なことをしていれば災難には遭わない』という、素朴な世界観をも持っています（心理学で、公正世界信念と呼ばれるものです）。自分自身、懲戒処分などの災難に遭わないよう、公私にわたり必要以上に、真っ当な生き方を心掛けてもいます。

このようなマインドを持つ者は、明々白々な被害者に対しては、極めて同情的になりますし、ハッキリと味方として対処します。ここで、『明々白々な被害者』というのは、供述なり証拠なりから、善良な市民であり、かつ被害者であることが疑いようのない者を意味しています。すなわち、理不尽な災難に遭ったことが明々白々な、真っ当な人です。

すると……

真っ当なことをしてきた『のに』災難に遭うのは、正義に反する。

それは、太郎さんの世界観をも揺るがせます。すなわち自分自身の問題でもある。

だからリスポンスは迅速で、適正になる確率が高い。

しかしながら……

被害者被害者と言っているが、ちょっと態度が悪い。ちょっと言っていることが不明瞭だ。興奮している。食って掛かることもある。具体的な証拠に欠ける。外見が派手だ。ふてぶてしい。しおらしくない。落ち度もありそう。本人も得している。話が一方的で長い。

もし被害を訴え出た人が、太郎さんに、そんなようなイメージを与えてしまったとすると、どうなるか。太郎さんのマインドは、その人を「善良な市民だ」と識別するのに苦労するでしょう。なら二分法で、悪い市民です（むろん、現実とは違う可能性が大きいです。太郎さんの主観の話をしています）。

ゆえに、さっきと真逆で、真っ当なことをしてない『から』災難に遭うのだ、それは自業自得の災難だ――とジャッジしてしまいがちです。だから、ハッキリと味方にはなれない。その災難も、理不尽ではないのだから、『犯罪とは言えないんじゃないか？』『罪に問えるものではないんじゃないか？』という先入観を抱いてしまう。

それこそ桶川《おけがわ》事件の昔から、DV、ストーカー事案についてはこのようなマインドが感じられますし、近時の例で言えば、自撮りとその流出とか、リベンジポルノとか、自殺志願者を殺してしまうとか、JKビジネスだとか、そうしたタイプの事件では、『善良な市民と悪い市民』のマインドの脆弱性《ぜいじゃくせい》が、露呈《ろてい》している気がします。太郎さんより質の悪い警察官だと、思いっきり「そういうけどアンタも悪いんじゃないの？」「いい目だって見てるじゃん」なんて直球を、本能的に投げてしまうかも知れません。

なお、この『善良な市民と悪い市民』マインドの説明の最後に、市民は市民でも、市民の集団・組織についてどう考えるかをザッと見ます。

もちろん二元論ですから、善良な集団等と、悪い集団等に分かれます。

例えば、メディアを見てみましょう。太郎さんの主観としては、自分の会社をいつも叩いているメディアは、当然悪い集団です。むろん、個々の不祥事が批判されるのは当然で、太郎さんはそうした報道を見るたび「またあの××県警が、バカなことをしてくれた」「こんなことをするなんて、××署はバカじゃないのか」と憤ります。部内に対して憤ります。まさかメディアには憤りません。しかし、社是《しゃぜ》として、「警察は権力であり権力は悪である」「警察は市民を弾圧するための組織だ」「だから必ず批判しなければならない」——というスタンスのメディアは、大嫌いです。ゆえに太郎さんは、左派色の強い新聞は読まないか、読んでも日付、天気、地方面、社会面でしょう。といって、実働員である巡査部長として、政治にはあまり興味ありませんので（「ルールは決まっているもの」「土俵は変えられない」）、右派の新聞を好んで読むというわけでもありません。何かの拍子に社説やコラムを読んで、「うん、そのとおりだ」「たまにはいいこと言うな」と感じる機会があるかも知れません。無いかも知れません。ちなみに、太郎さんにとって『メディア』は抽象的なもので、例えばメディアの記者と職務上・私生活上のつきあいはありません。何かの拍子で、情報提供者としてリクルートされていれば別ですが……

政治には興味がない、ということに関連して、政党等はどうでしょうか。

まさか『警察白書』に特別の項目が立っている政党を、味方とは思わないでしょう。そうでなくとも、左派政党はやはり嫌いです。これらのフロント団体――だと太郎さんが思うもの――とも絶対に距離を置きます。太郎さんには、「自分たちの会社を叩くことが自己目的化している」と映るからです。

それは、太郎さん個人の投票行動にも影響するでしょう。ただ、政治的中立性は警察の『正義』ですし、選挙違反の取締りも警察の『正義』です。そこには絶対の公正性が求められます。ゆえに、そもそも政治に興味がないこともあって、まさか集団的な投票行動をしようとか、部内で選挙運動を試みようとか、圧力団体を作ろうとか、そんなことは夢にも思いません。そこは、他の公務員と大きく異なるところでしょう。そもそも警察には、労働組合すらありませんから……ヨコでつながったり、下が連帯したりして、何かの要求や運動をするという文化・伝統がありません。また、交番の巡査部長である太郎さんにとって、『政治家』というのも、また抽象的なものです。

E　一歩前へマインド／一歩遅れるマインド

「一歩前へ!!」というのは、確か号令にもあったような気がしますが、別にお手洗いの標語ではありません。警察官として諸事そうあるべきだ、それが正義で正解だ——というマインドです。すなわち、警察官のタスクにも、美味しいものと嫌なものがある。そして嫌なものほど「一歩前へ!!」と自分に号令を掛けて、志願する。オール・オア・ナッシングですから、嫌なものほど志願者はいないわけで、だからこそ自分がやらなければならない。それはAの自己犠牲にもつながります。先述の、逃げていると思われるのが嫌というマインドです。もし太郎さんの交番で、巡査たちがトイレ掃除を忘れたら（あるいは事件処理に出っぱなしでできなかったら）、太郎さんが率先して、引き継ぎまでには必ず終えておくでしょう。また、太郎さんが巡査と組んで職質をするとき、対象がとても美味しそうであれば、太郎さんは巡査をメイン質問者に割りふり、自分はサブの動静監視・無線照会役を志願するはずです（もし太郎さんの今月の実績がちょっと悪かったら、今度は巡査が率先してサブを務めようとするでしょう）。

また、時間のマネジメントについても「一歩前へ!!」です。先に伸びきったラーメンの話をしましたが、次の1秒のうちに人質立てこもりが発生するかも知れませんし、その次の1秒のうちに大震災が起こるかも知れません。だから、食べられるものは今、ここで食べてしまうのが正解ですし、捕まえられる上司は今、ここで確保しておくのが正解です。提出しなければならないものを温めていれば、最悪、処分（よく捜査書類を隠していたなんて不祥事が報道されますよね）。逮捕手続にも、時間的な制約がある。職質で対象を引き留める場合も、実際上、時間との戦いとなります。あるいはそもそも、日本警察のリスポンス・タイムが平均約5分ジャストであることは、世界的に見て驚異的でしょう。これは、『第一臨場を譲らない』よう、パトカー等が相互に、「一歩前へ!!」の競争をしているからです。

……ところが、まったく逆のマインドも併存します。

一歩遅れるマインドです。

これは、警察官には『正義』『正解』があることに由来します。

これらは、太郎さんの作ったものでも、太郎さんが変更できるものでもありません。

太郎さんはそれを憶《おぼ》え、執行するだけです。すると、正解がハッキリしていることは「一歩前へ‼」ができるのですが、正解がハッキリしていないこと、あるいはそもそもまだ正解がないことについては、太郎さんの思考がフリーズします。

太郎さんはマジメですから、執務資料を引っぱり出して調べたり、上官の警部補に相談したり、あるいは警察署に問い合わせたりするでしょう。しかし、そこには必ずタイムラグが生まれます。30分かも知れませんし、3日かも、あるいは30日かも知れません。そうすると、善良な市民が眼の前にいる場合、太郎さんは葛藤《かっとう》します。「一歩前へ‼」で助けたいけれど、正解が判明するまでは何もできないし、したら最悪、『誤り』を選択したとして処分等のリスクがある。だから、一歩遅れる。

これを善良な市民から見ると、『困っていて、すぐに動いてほしいのに、よく分からない理由でマゴマゴしている』――と映ります。

ここで最悪なのは、太郎さんのようにはマジメでない警察官が、逆ギレしたり、うっとうしがったり、嘘を吐《つ》いたり誤魔化《ごまか》したりすること。

これは、先の葛藤に耐えられず、とりあえず目先のタスクから逃避しようとするディフェンスです。マジメでないと、『分からない』『正解はまだない』といったことそのものを認識できず（実務能力不足か怠慢《たいまん》）、自分には処理できないから、どうにか門前払いをしようとする。

ところが、民間を含めたあらゆる窓口業務について言えるのですが、お客さんというものは、そういう『門前払い』の逃げ口上に極めて敏感です。それをやられると、お客さんはイライラし始める。お互いの言葉のやりとりが、激化してゆく。すると、逃げ腰警察官の主観として、その善良な市民はクレーマーとなり、よって『悪い市民』に識別し直される。いま相手が正義に反するに至ったのだから、いよいよ譲る必要はない。あとは撃退するのみ。そしてクレーマーの撃退程度に他の仲間を動員したら悪いので、「一歩前へ!!」で自分かぎりの処理をしてしまおうとする……

交番を含む警察の窓口で、残念な思いをされた読者の方には、ピンと来るのではないでしょうか。元警察官の私自身、家族が轢《ひ》き逃げに遭ったり、自転車同士の物損に遭ったりしたとき、『どうして捜査をしないか』『どうして動く必要がないか』『どうして何もしないのが適切か』について意味不明な逃げ口上や言い訳をされて、激昂《げっこう》したことがあります。

Ⅱ　刑事太郎たち――誇りを懸け、鎬《しのぎ》を削る専門家集団

警察太郎の次は、いよいよエキスパートたち――刑事太郎たちのステレオタイプを見てゆきましょう。

その前に、この『エキスパート』の意味について、カンタンに御説明します。

専務と地域について

――この人たちは、ある意味、太郎さんとは全くの別人種です。

太郎さんは、交番のおまわりさんでしたね。昭和の言葉遣いでは、『外勤《ガイキン》』と呼ばれるタイプの警察官です。今ではそれが、地域警察官――『地域《チイキ》』と呼ばれるわけです。

この地域警察官が、全警察官の約40％を占めていることは御説明しました（ゆえに全警察官の典型例になってもらいました）。

だから、『エキスパート』というのは、残りの約60％の警察官のことです。

この、残りの約60％の警察官のことを、『内勤《ナイキン》』『専務《センム》』といいます。

その名のとおり、警察署か警察本部で、内勤をしています。交番等で外勤をする制服警察官ではなく、原則、私服勤務をする警察官です。

ここで、警察では、刑事であるとか、交通であるとかいった、①専門分野そのもののことを『専務』と呼びますが、転じて、②専門分野に属するエキスパートそのもののことも、『専務』と呼びます。これは実は、警察太郎さんについても一緒で、警察太郎さんは『地域』という分野に属しますが、極論「オイそこの地域!!」なんて二人称で呼ばれたりもするわけです。

そして、太郎さんの仕事の内容を思い出してください。

太郎さんは、時間割りと、行事をこなす警察官でした。全ての事件事故等の、『初動警察』を担当する役割を担っていました。他方で専務は、その初動警察のステージから、事案を引き継いで、専門家集団あるいは職人として、事案の終局処理までを行うスペシャリストたちです。

ですので、例えば『殺人』があったときは、①警察太郎さんが、最初の段階の、ジェネラリストができる範囲での初動警察活動を行い、②エキスパートたちが現場臨場すれば、③エキスパートたちが太郎さんからタスクを引き継ぎます。だから、④太郎さんは殺人の処理から解放され、また自分の時間割りに戻る――こういうことになります。

今、『殺人』の例を出しました。

殺人は刑事事件ですから、この場合、これを処理するエキスパート＝専務は『刑事』になります。部門としての刑事であり、警察官としての刑事です。

しかし、警察は殺人だけを扱うわけでもないし、専務も刑事だけではありません。

そして、都道府県警察＝現場の感覚でいえば、警察には4の専務があります。いってみれば、警察のあらゆるミッションは、4つの部門のどれかに分担され、どれかに落とし込まれるわけです（重ねて太郎さんは、その全ての『初動警察』部分を担当します。太郎さんがジェネラリストで、専務がスペシャリストだというのは、そういう意味です）。

さて現場で意識される4の専務とは、『生活安全』『刑事』『交通』『警備』の4部門です。この4部門に専門家がふりわけられていますから、専務は警察官の約60％を占める。けれど、それぞれの部門ごとに見れば、もっと小さくなりますよね。単純な割り算だと、各15％ずつ。ですが、歴史的な経緯と、時代ごとの重要課題が異なることから、それぞれの専務のマンパワーがどれだけかは、大まかな傾向をのぞいて流動的です。だから、太郎さんのいる地域部門約40%が、警察の最大勢力となるのです。しかし、勢力の大きさとステイタスとが一致しないのは、警察の宿痾《しゅくあ》みたいなもの。これについては、後述する、刑事太郎たちのマインドをお読みいただければすぐ解ります。

ちなみに、現場であまり専務とは意識されない部門として、『情報通信』があります。もちろんこのIT全盛の御時世、情報通信部門の重要性は論じるまでもありません。そして、どの都道府県警察にも『情報通信部』がハッキリ置かれています。しかしながら、ひとつには、情通は警察署・交番にはない（ザクッというと、警察本部だけにある）。また主として、情通は技官さんの王国である。もっといえば、情報通信部の職員は、実は国の職員で、都道府県警察の職員ではありません（たとえ○○県警察に情報通信部があっても、それは刑事部・交通部といった県の部局ではない）。ゆえに、現場警察官の感覚だと、先の4専務にならぶ5つめの専務としては、意識されない傾向があります。

よって、警察のエキスパートには、とりあえず『生活安全』『刑事』『交通』『警備』

があることが解りました。

それでは、またステレオタイプを用意して、それぞれの専務の典型的な特徴、思考パターン等を見てゆきましょう。ただ、詳細なキャラクタ設定は『警察太郎さん』で終わっていますので、このⅡでは太郎さんとのズレを中心に、いわば差分《さぶん》を描いてゆきます。


あと、この生活安全、刑事、交通、警備（、情報通信）という順番《じゅんばん》ですが、これは特段の事情がないかぎり、歴史的・伝統的に、必ずこの順番を用います。これを建制順《ケンセイジュン》といいます。これは警察用語でもあり、役人一般用語でもあります。役人は、並び方ひとつで内ゲバになりかねないので、飽くまでも便宜的に、上下関係・優劣いっさい関係なく、とりあえずの順番が決められている。それが建制順です。

ですので、しみじみした例を挙げれば……新しい警察本部長（社長）の着任訓示があるので、講堂だの大きな会議室だのに集合しなければならない。ただ、小学生の集まりではないし、5分ほどの訓示を聞くだけなので、まさか配列表などは作らない。そのとき、司会進行側で「建制順でお願いしまーす」とか何とか声を掛けると、右側から生活安全、刑事、交通、警備とオートマチックに並んでゆく。そんな感じになります。

第1章　生安太郎——警察組織の何でも屋にして、ヘルプデスク

専務の一番手——生安太郎

さて、建制順により、専務の一番手に来るのは、生活安全部門です。略称は、生安《セイアン》です。とりわけ警察庁では、揶揄《やゆ》・自虐から、生安《ナマヤス》なんて呼ぶこともあります。

専務の1つですから、エキスパート・スペシャリスト集団です。

そして先述したとおり、生安とは、専門の呼称にして専門家の呼称です。ですから、生安部門のステレオタイプ警察官のことを、生安太郎さんと呼びましょう。

生安太郎の勤務スタイル

さて生安太郎さんは、都道府県警察（＝現場）では、本社である警察本部と、支店である警察署で、私服勤務を行っています。裏から言えば、警察太郎さんのように、交番で勤務することはありませんし、制服で勤務をすることも例外的です。また、その勤務

は日勤制で、3交替制とかではありません。イメージとしては、県庁・市役所の公務員とまったく一緒の勤務スタイルです。

といって、事件事故は時間を選びませんので、定時に上がれるわけでもなければ、休日が必ず休めるわけでもありません。そもそも、生安太郎さんは、警察太郎さんと違って、エキスパート・スペシャリストです。初動警察活動を引き継いで、いよいよ専門家としての終局処理をする人です。すると、初動が終われば時間割りに戻れる警察太郎さん——1つの事件の終局処理がどうなろうと（極論）ライフスタイルに変更のない警察太郎さんとは違い、それぞれの事件事故にかかりっきりになる。自然、呼出の回数も多くなる。事件事故の終局処理について責任を負うというのは、そういうことです。

生安太郎の勤務環境

この生安太郎さんは、現場では、警察本部か警察署で勤務しているわけですが、交番の警察太郎さんと違って、自分専用のデスクと端末を貸与《たいよ》されています。それは、生安太郎さんが巡査であろうと、警視であろうと変わりありません（交番の警察太郎さんは、共用デスクしか使っていませんでしたね）。生安太郎さんは、まさに自分の責任において——あるいは少なくとも係・班といったチームで——事件事故を終局処理する人なので、自分専用のパソコンと格闘できるデスクも必要ですし、自分が無数に作成する捜査書類を入れておく引き出しも必要なわけです。

その生安太郎さんのデスクは、警察本部なら1つの所属《ショゾク》に、警察署なら1つの課にあります。警察本部だと、そうですね……『生活安全企画課』とか『保安課』とか『サイバー犯罪対策課』とか『少年課』とかいったところにあります。警察署だと、大抵はズバリ『生活安全課』にあります。警察署は支店ですので、人数の規模からいっても、本社のようにたくさん課を設ける意味はありませんし、またそれは難しいので。

そして生安太郎さんは、警察本部勤務であれば恐らく電車・バスで、警察署勤務であればそれらあるいは自家用車で、オフィスに出勤することとなります。警察本部は、大抵は県都の、それなりに交通の便がいい場所にありますし、駐車場が確保しづらい問題もありますから。他方、警察署にはいろいろなタイプがありますが、最寄り駅から徒歩20分とか、車でなければとてもアクセスできないとか、そういう立地も当然のようにあります。

生安太郎の階級

この生安太郎さんの階級は、千差万別ですが、一定の法則はあります。まず、生安太郎さんは『専務』ですから、学校を出たての巡査とか、実務経験が1、2年の巡査であるといったことは、あり得ません。少なくとも、名誉巡査というべき巡査長でしょう（階級ではないので、偉さは巡査≦巡査長巡査＜巡査部長となる）。巡査長には、大卒2年－短大卒4年－高卒6年の、実務経験2－4－6ルールでなれるのが原則ですが、では巡査長になりたての巡査が生安部門に入っているかというと、なくはないですが少数派です。『なくはない』典型的な例は、女性警察官です。女性警察官は、男性警察官にはできないこと――男性がやるとマズいこと（例えば女性の身体検査、女性の採尿など）ができるので、生安にかぎらず、また年齢にかかわらず、どこの専務でも積極的に奪い合い、積極的に『登用』します（Iで述べた、警察における女性警察官の割合を思い出してください）。

もちろんこれは下限の話で、生活安全部門には、他にもいろいろな階級の警察官がいます。それこそ巡査部長、警部補、警部、警視……警視正まではいます。他方、警察太郎さんのところで述べたとおり、交番には警部補までしかいませんでしたね。

専務員への『登用』

さてここで、登用という言葉が出ました。

生安部門に入るには、『登用』されなければならないのです。

裏から言えば、生安部門に在籍している巡査長、巡査部長、警部補、警部、警視、警視正……は全て、『登用』を経てきた警察官です。例外はありません。

ちなみにこれは、どの４専務でもそうなので、トップバッターの生安太郎さんの項で、システムの説明を終えておきましょう。

もう一度、警察太郎さんのことを思い出してください。

交番の、地域警察官で、初動担当の人です。

この警察太郎さんは、もし生活安全部門に入りたいのであれば、生活安全部門の登用試験を受け、合格しなければなりません（昇任試験とは全く別です）。すなわち、階級を上げる上げないにかかわらず、エキスパート認定試験を受け、合格しなければ専務には入れないのです。

だから、警察太郎さんがどうしても生安に入りたければ、本社である警察本部の生活安全部門が主催する、そうですね……生活安全専務員登用試験、といったネーミングの試験を通過する必要があります。たいていは筆記と面接です（選考には実務経験、勤務実績、警察での学校成績等も加味されます。そこは、この場合、試験を主催する生安部門の裁量です）。

この試験にパスすれば、生活安全部門の採用者リストに名前が載る。そして生安部門が「欠員が出たなあ」「おっ、警察太郎はなかなか見込みがあるな」「年齢的に、警察太郎くらいの奴が欲しいなあ」なんて思ったとき、人事異動でいよいよ交番を卒業することになります。

もちろん、警察太郎さんは、生安部門に微塵《みじん》も興味がない人かも知れません。その場合、専務員の登用試験も昇任試験同様、受験義務などありませんので、警察太郎さんとしては、そんなものに何の意欲も持たないでしょう。これについても、4専務すべてにおいて事情は一緒です。だから、その場合、警察太郎さんは、職業人生の生涯を交番・駐在所に捧げることとなります。

ただし、警察太郎さんがあまりに優秀な人材であるときは、逆に生安部門から「ぜひ受験してくれ」とお願いされるかも知れません。優秀な人材は、どこの専務もスカウトを狙っていますので、生安部門としても、「刑事・交通・警備に獲られる前に、ウチが獲得してしまおう」と考えるはずです。このスカウトの場合も、専務員登用試験に合格しなければなりませんし、そこにコネ・人情等による手心はありませんが（優秀でない人材はいらない）、ペーパーと面接に合格しさえすれば、できるかぎりはやく――直近の定期異動とかで――すぐさま私服、すぐさま生安入りとなるはずです。スカウトだからです。

このように、地域のおまわりさんは、登用試験を通過しなければ、交番・駐在所を卒業することはありません。裏から言えば、セレクションを終え、『ギルド入り』を認められた人材で構成されるのが専務であり、この場合は、生活安全部門となるわけです。

生安太郎のキャリアプラン

ではここで、生安太郎のキャリアプランを見てみましょう。

一般的には、巡査長／巡査部長のとき、生安の登用試験に合格し、職業人生初の私服勤務となります。仕事の内容はすぐに説明しますが、そのうち『実働員としての仕事』

を任されつつ、ギルドの見習いとして勤務します。交番のスキルは、専務のスキルとは大きく違っていますので……ゆえに警察署で、「なるほど、生安というのはこういう仕事をして、こういう文化を持っている部門なんだな」ということを修得してゆきます。

そして、ある程度の年数が経てば、今度は昇任試験の受験資格が得られますから（警察太郎さんの例参照）、これの合格を目指す。一般論として、生安太郎さんは、警察太郎さんより、昇任試験への情熱があるでしょう。

というのも、先述のとおり、交番では上下関係を意識することはほとんどありませんが（だから警部補と巡査の仕事に大きな違いはないのですが）、専務＝私服の内勤となると、そうはゆかないからです。まさに巡査長は兵で、巡査部長は厳しい軍曹、警部補はかなりの裁量を持つ小隊長。そして、ここまでは管理職ではないので、頑固一徹の職人、現場肌の職人でも、警部補までは目指します。「管理職（警部以上）は面倒くさいが、現場仕事のトップは係長（警部補）だ」「事件は現場で動いている」という意識があるからです。

ただ、生安太郎さんがノーマルな野心家だったとすれば、きっとそれ以上を目指すはずです。というのも、やはり警察署長（警視）という『一国一城の主』になるのは現場警察官の夢ですし、署長にこだわらないとしても、ギルド内で生き残り、それなりのポストにつくためには（例えばドラマに頻出するナントカ官とか、ナントカ室長とか）、やっぱり星の数を増やさなければならないから。ポストの格は、階級と直結しているのです。

と、いうわけで——

生安太郎さんは、実務を学びながら、警部補試験の合格を期することになる。もし合格できれば、いったん生安ギルドを離れます。もう一度、交番に配置されます（これは階級試験に合格した警察官の異動の、固定ルールです）。今や警部補になっているので、交番のトップですね。はたまた、生安太郎さんはエキスパート——通過儀礼をこなした優秀な人なので、なんでもありの１人警察署＝駐在所を任せられるかも知れません。

ただ、この交番・駐在所時代は、決して長くはありません。生安太郎さんは基本、もう交番を卒業した人なのですから。まして、どこのギルドも人手不足なので、生安太郎さんには、なるべくはやく交番からギルドに帰ってきてもらいたい。だから、極端な例だと、交番のトップを半年くらいやって、すぐ生安部門に戻ってくる——なんてことになります。先の警察太郎さんからすれば、「どうせ専務のハコ長なんて、腰掛けだ」「出ていくまでの辛抱だ」という印象を、受けてしまうことになる。もっとも、専務の方ではそんなこと気にはしませんが……そして気にしないばかりか、もし生安太郎さんが口の悪い人なら、「あいかわらずハコはたるんでましたよ」「ガイキンもあんな仕事っぷりじゃあ駄目ですね」なんて厳しいことを、ギルドに帰ってから言うかも知れません。

さて、生安太郎警部補は、生安部門に帰ってきました。いよいよ係長として、幾人かの巡査部長・巡査を指導監督する立場になります。まだ管理職ではありませんが、1つのチームなり班なりを委ねられた、ギルドの中核。そんな立場で、実績を挙げてゆきます。

そして、今度は警部昇任試験が待っている。これに合格すれば、課長です。もちろん固定ルールから、もう一度交番部門に出ます。ただ交番のトップは警部補ですから、もう交番・駐在所そのものには滅多に出ません（警部交番、なる特殊なものなら交番所長もアリ）。じゃあ交番部門で何をするかというと、管理職です。『地域課長』なる管理職として、全ての交番を指揮監督する立場になる。このことは、Ⅰで『校長先生』という言葉を遣って説明しました。そしてこの地域課長、任期が長くないのは先の例と一緒ですが、管理職なので、1年半とか2年とか、それくらいは務めます。さすがに課長がコロコロ替わるのは問題ですし、課長ともなれば、ギルドの外でも、人事管理・業務管理など、勉強すべきことがたくさんあるから。それはギルドに帰ったとき、また活かされることになります。

でもやがて、生安太郎警部は交番部門から戻される。課長クラスなので、一般的には、警察署の生活安全課長に栄転でしょう。階級的にも職制的にも、地域課長（警部）→生安課長（警部）という横すべりではありますが、残念ながら部内のステイタスは段違いです。専務と地域には、超えられない壁があります。

そして、生安太郎警部が警察署で実績を挙げれば／上げれば、今度はどうなるか？警察本部への異動です。警部は、本社である警察本部ではオートマチックに『課長補佐』となりますから、例えば、『生活安全企画課のストーカー規制法担当補佐』とか、『保安課の経済犯罪担当補佐』とか、『少年課の少年事件担当補佐』とかに就任することとなる。ここで、ボスである本社の課長（警視。生安太郎警部が経験したのは支店の課長）や、ナントカ管理官や、ナントカ対策官や、ナントカ室長等の姿を見ながら、それらのポストを目指し、やはり実績を挙げて／上げてゆこうとします。

もし生安太郎警部に大過なく、やる気を失ってもいなければ——警察本部にまで選ばれた警部がやる気を失うというのはレアですが——今度は『管理職試験』などと呼ばれる試験を受け（またもや階級試験とは無関係）、そのナントカ官系に挑戦することになります。この管理職試験、府県警察によっていろいろな名称がありますが、既に管理職である警部に対して行われるところが、なんというか、試験好きな警察のおもしろいところです。いってみれば、ノーマル警部は最初の管理職、上級の警部や警視がホンモノの管理職……といった感覚があるのでしょうか。いずれにせよ、生安太郎警部がこの『管理職試験』を突破すれば、そうした警察本部のナントカ官とか、あるいは、筆頭警察署の生活安全課長とかいった、ワンランク上のポストをゲットできます。管理職試験は、階級試験とは無関係なので、こうした警部のナントカ官もいれば、はたまた警視のナントカ官もいて、それらは混在します。

そして最終的には、警視昇任試験。

ここまでをまとめれば、流れとしては、警部試験→管理職試験→警視試験となります。この警視試験に合格すれば、職制としてはいよいよ署長・課長（所属長《ショゾクチョウ》）。こうなると、交番に出るとか出ないとかいう次元ではありません。生安太郎さんは、見習い警視の時代なら、本社の次席や支店の副署長、あるいはナントカ官系の上位の職を務める。その時代が終われば、いよいよ夢であった警察署長です。例えば小規模署長をやり、次に警察本部に帰ってノーマル課長をやり、次に中規模署長に出、次に警察本部の筆頭課長をやり、次に参事官になったり大規模署長になったりして……

……ものすごい野心家と実力派であれば、とうとう生活安全ギルドの長《おさ》、警察本部の『生活安全部長』になるかも知れません。これは警視正で（試験なし）、役員となります。

――以上、生安太郎さんのキャリアプランを駆け足で見てきました（最初に登場していただいた専務員なので、全ての専務員に共通する事項も多く説明しています）。

ただ、ここで、もし生安太郎さんが現場そのものが大好きな、生安部門の職人であるのなら――あえて警部補以上にはならない可能性が強いです（警部試験を受けない）。どこの組織でもそうでしょうが、管理職になってしまえば、好きなミッションを追い続けていればよいわけではなく、庶務、総務、会計、人事といった管理機能に時間を割かれるからです。もちろん業務管理にも、直接の責任を負うことになる（「今月の売上どうなってるんだ!!」）。それならば、頑固一徹の鬼軍曹として、限られた世界ではあるにしろ、やりたいことをやりながら君臨《くんりん》し続けた方が楽しい――単純化すれば、こうした動機から、警部補以上を目指さないギルド員は少なくありません。しかし、世の中楽しいことばかりではない。その代償はあります。一定年齢を迎えれば、ギルドから見て『いらない老兵』になるのですから、その職業人生の終盤は、『交番部門に帰っていただく』か『中小規模署で永遠に衛星運動をしていただく』か、なのです。退職が近くなるにつれ、警察本部に残れるだけでも上《ウエ》の配慮だ――といった感じになります。

生安太郎のお仕事

次に、生安太郎さんの仕事の内容を、ザッと説明しましょう。

ぶっちゃけ、生安太郎さんは、警察組織の何でも屋で、ヘルプデスクです。


もう少し具体的に――

まず、そもそも専務としての『生活安全』とは何か？

名前のとおり、①まずは市民の安全に関することを仕事にしています（警察法にいう、『市民生活の安全と平穏に関すること』）。②次に、犯罪の予防に関することを仕事にしています。③最後に、保安警察、と呼ばれるサブカテゴリを仕事にしています。

なお、トリビア的なことをいえば、実は、④地域警察に関することも仕事にしています……ここで読者の方は、「ん？」と思われたかも知れません。というのも、地域警察は確か、警察太郎さんの仕事――交番部門の仕事のはずだからです。

これは実は、都道府県警察という現場におけるイメージと、警察庁が決めているルールのギャップから生じる「ん？」です。

飽くまでも警察法上は、警察太郎さんの交番部門は、生安太郎さんの生安部門のサブカテゴリでしかありません。しかし、とりわけ現場においては、警察太郎さんたちは警察官全体の40％を占める大勢力です（これが霞が関の警察庁なら、せいぜい〇・一％）。また現場においては、警察太郎さんと生安太郎さんの仕事は、まるで違います。よって、霞が関では「地域は生安だろ？」となりますし、現場では「地域と生安は一緒にできないだろ？」となります。

ゆえに、現場にいる生安太郎さんは、警察太郎さんを仲間と思っていません。逆もまたしかりです。だから、生安太郎さんの仕事の話をするとき、④は割愛《かつあい》してもいいでしょう。

すると、生安の専務員である生安太郎さんがやっている仕事は、①②③のいずれかになります。といって、①②はあまりにザクッとし過ぎていますし、③は意味不明ですね。

犯罪の予防——『防犯』

これは、生活安全部門の歴史からお話しした方が、解りやすいかも知れません。もともと生活安全部門は、刑事部門のサブカテゴリでした。その昔は、『防犯部門』と呼ばれていました（生活安全≒防犯）。

もっといえば、戦前など、刑事部門の方が防犯のサブカテゴリでした。要は、犯罪にかかわることは、その取締りであれ防止であれ、『防犯部門』の仕事だったのです。その意味では、『防犯部門』というのは、かなりの名門です。

それが戦後、とりわけ検察から独立した捜査権を勝ち獲った——もぎとった経緯もあって、まず『刑事部門』が独立・昇格（？）しました。そして、やはり犯罪捜査というのは警察の花形ですので、残りの『防犯部門』よりも、脚光を浴びることになりました。だから、霞が関の組織だと（霞が関の組織の在り方は、全都道府県警察の雛形《ひながた》となります）、『刑事局』があり、そのサブカテゴリとして『刑事局防犯部』が置かれることとなりました。こうなると、刑事があって、その中に防犯があるというイメージになります。そして、その防犯がやることとは、文字どおり犯罪の防止のための諸々の施策《せさく》――ということになり、また、もっと進んで、市民が安全に暮らせるようにするための諸々の施策――ということにもなる。このあたりが、前記の①②と重なってきます。取締りでなく、防犯であり、施策だと。

そしてこの潮流やマインドは、平成の初め頃、さらに強まりました。霞が関で、刑事局のサブカテゴリだった防犯部が昇格して、今の『生活安全局』となったからです。すなわち、『刑事局』と『生活安全局』（旧防犯部）が、同列同格となりました。これは、最近の言葉で言えば、『事件にならないと動かない警察』でなく、進んで犯罪を抑止し、犯罪の起きないような環境を作り、あるいは、大きな事件になる前に積極的に動くべきだ――という認識の変化です。そのような認識が、平成の初め頃に生まれた『生安《セイアン》』という言葉に、象徴されています。

そして、生活の安全を守る――ということは、『困っている人を助ける』ということでもあります。ゆえに生安は、酔っ払い、家出人、迷子といった救護を必要とする人の保護に当たりますし、変わったところでは自殺統計なんかも担当しています。また、最近とりわけ重要なのは、ストーカー事案、ＤＶ事案に対処すること。これは規制・取締りを含め、生安の仕事です。古典的なところでは、少年の補導・保護なども、生安の仕事。あるいは、平成の折り返し点くらいに大きく注目を浴びた、人身売買事犯も生安の仕事。はたまた、外国人を搾取《さくしゅ》する不法就労のブローカー等を取り締まったりするのも、生安の仕事です。

生安太郎の『保安警察』

しかし、生安太郎さんの仕事は、防犯や抑止、あるいは困った人を助けることだけではありません。

まずは、まだ御説明していない、③の保安警察があります。生安のサブカテゴリです。これは、学問的に議論すると果てがないのですが、割り切ってしまえば、『社会の安全と平穏を維持するための警察』（作用／部門）のことで、もっといえば『個人でなく社会の安全と平穏を乱す活動の規制・取締り』のことです。なお、言葉は似ていますが、公安警察とは全く別の概念です。

——例えば、自転車盗という活動は（それは犯罪ですが）、基本的には、個人の財産を侵害する活動です。個人の安全と平穏を乱しています。しかし例えば、覚醒剤の使用はどうでしょうか？　被害者なき犯罪と呼ばれるように、健康被害がお気の毒だという観点を別とすれば、個人の安全と平穏を乱してはいません。それは、薬物が蔓延《まんえん》したら様々な社会活動に大きな悪影響がある——などの意味で、社会の安全と平穏を乱しています。このようなことは、例えば賭博、例えば売春においても顕著《けんちょ》です。

　ゆえに、保安警察は、まず、いわゆる飲む打つ買うの規制と取締りに当たります（かつて「生安といえばこれ!!」とのイメージがあった覚醒剤事犯は、近時の『組対《ソタイ》部門』（組織犯罪対策部門）の起ち上げに伴い、組対にとられました。組対は刑事のサブカテゴリですから、歴史的には、刑事に再奪還されたことになるのでしょうか）。

　この、飲む打つ買う規制の象徴であり、御霊《みたま》であるのが生安の持ち法律、『風営法《ふうえいほう》』ですね。バー、スナック、クラブ、ぱちんこ、まあじゃん、ゲームセンター、ソープランド、ヘルス、デリヘル等々を厳しく規制する、保安警察の、だから生活安全警察の御霊法律です。しかし、この風営法関係以外でも、いわゆる出会い系は、リアルであれネットであれ生安の縄張り。もちろん、青少年保護育成条例違反といった、ニュースでよく出てくる淫行・痴漢・ＪＫビジネス関係も生安の縄張り。

そして、保安警察の仕事は、飲む打つ買うだけではありません。他の、社会の安全と平穏を維持するための規制仕事も、行っています。

読者の方がいちばんイメージしやすいのは、銃砲・刀剣類の規制でしょうか。もちろん日本では、許可なくして銃を所持することができません。それは『銃刀法《じゅうとうほう》』があるから。これも生安の御霊法律の1つ（風営法のように、業が関係するわけではないので、カンバンとしては一歩譲りますが）。この法律に基づいて、銃砲・刀剣類を規制するのも、生安の仕事です。これまた、行政仕事以外の『取締り』は組対にとられてしまいましたが……

もちろん、社会にとって危険なものは銃砲等だけではないので、火薬の規制であるとか、高圧ガスに類する危険物の規制であるとか、核物質・原子炉の規制であるとか、放射性同位元素の規制であるとか、化学兵器の規制であるとか、感染症の病原体等の規制であるとかも、生安の仕事。これらは、例えば経産省・厚労省といった他の役所と役割分担をしながら、主として運搬をするときの規制をしています。運ぶとなると、またリスクが上がりますから。

また、他の役所と役割分担をする必要がない、警察本来の縄張りとされている業については、単独で規制を掛けます。先の風営法はその一例ですが、あと生安は、警察の仕事と密接に関係し、だから警察が直接監督する必要がある『警備業』『探偵業』『質屋営業』『古物営業』を受け持っています（他の役所と比べれば、一目瞭然で寂しいですね。国会議員・県会議員が「警察には利権がない」「警察に協力しても旨味がない」と思う理由です）。

あと例えば、廃棄物の不法投棄は、個人を超えて社会への脅威です。他にも、食品偽装をするとか、偽バイアグラを売りつけたとか、エステサロンが医師でもないのに医療行為までするとか、マンガを違法にアップロードするとかいった事案も、そうです。もっと身近な例では、いわゆるネズミ講やマルチ、はたまた布団商法にヤミ金。こうしたものは、廃掃法《はいそうほう》とか食品衛生法とか著作権法とかいった特別法で規制され、また取締りを受けますが、これら社会の脅威となる特別法違反は、たいてい生安の仕事になっています。

――以上、飲む打つ買う、危険物行政、業規制等について御説明しました。

イメージ的にはこのあたりが右の③、『保安警察』のカテゴリに含まれる仕事です。

サイバー犯罪対策

最後に、生安の目玉仕事として忘れてはならないのが、サイバー犯罪対策。

お役所言葉では、『インターネットその他の高度情報通信ネットワーク関係事犯の取締り』と言ったりします。実際上は、『高度な情報技術を利用する犯罪の取締り』でさえあれば、若干の縛りはありますが、純然たるサイバー犯罪でなくとも、生安の縄張りにできます。平成の頭ころは、これについて、ハイテク犯罪、なんて微笑ましい言葉が遣われていました。その頃は、警察部内でも、ワープロさえ使わない警察官がいた時代ですから、ハイテクだのサイバーだのいっても『あまり自分たちに関係のない、マニアによる犯罪』『よく分からないが、技官さんが何とかしてくれるもの』という認識だった記憶があります。

しかし今や、インターネットは社会における最重要インフラの1つです。ひろく一般化し、スマホくらいは使わない犯罪者の方がめずらしい。一般市民・企業等の側も、情報セキュリティを常に意識していなければならない時代です。すなわち、社会における安全を維持するという観点からも、困っている人を助けるという観点からも、犯罪の抑止・防止をするという観点からも、サイバー犯罪は、最重要課題の１つです。もっといえば、このジャンルは、生安において極めて『将来性』が見込めるもの……

よって、古典的な『風営法』『少年』『経済事犯』といったカンバンに代わる、現代の稼ぎ頭。かつて刑事に組対が起ち上がり、警備に外事情報部が起ち上がったように、やがては、生安にも『情報技術対策部』なんてものができるのかも知れません。いずれにせよ、部門の花形ということは、優秀な人材が投入されるということです。

以上、生安太郎さんの仕事をザッと見てみました。

生安太郎の組織内ポジション

ここで併せて、生安太郎さんの仕事観、あるいは生安の仕事観を概観して、職務の話を終わらせましょう。

生安太郎さんの主観として、また、おそらく読者の方の客観としても、生安の仕事はカオスです。ごった煮であり、社会の（とりわけ悪い部分の）るつぼです。だから生安は、後述のように『何でも屋』です。しかし、それゆえに組織における『ヘルプデスク』でもあります。イメージとしては、何でもやっていて、何でも知っているからです。

これは、生安太郎さんとしては、ストレスフルです。というのも、「どうせ最後は生安の仕事になるんだろうな……」「訳が解らないのは大抵ウチだよなあ……」という心境になりますし、犯罪者はあの手この手で手口をアップデートしてきますので、「よくもまあ、そんなことを考え付いたもんだ」「ええと、これをされたとき、警察は何ができるんだっけ？」という、新規事業への最前線に、いつもいつもさらされるからです。

ここで、私は刑事局防犯部時代のことを知りません。ですが、刑事局にくっついた部として扱われていたということは、少なくとも、刑事と対等ではなかったということでしょう。ゆえに、「メインストリームでない、雑多な処理屋さん」というイメージがあっただろうと推察します。とりわけ、一九八四年のいわゆる風営法大改正等によって、警察が捜査一本槍の取締機関から、様々な手法を駆使する行政機関に脱皮する前は、そうだったと思います。ただ私は、平成の初め頃の、生活安全局ができた頃ならばイメージできますし、それが定着していった過程を熟知してもいます。実は私の専務は――現場と違って警察官僚はこの言葉、あまり遣わないのですが――生安と警備だったので。その、生安ギルド員だったころの記憶からすれば、生安というのは『ガレー船漕《こ》ぎ』でした。言葉の選択がよくないかも知れませんが、要は奴隷労働です。こなしてもこなしても、次から次にあふれくる仕事。切った張ったの日々です。そして、刑事のように花形でなく、警備のようにハイソでない。あらゆることの最前線にいるというのはやり甲斐がありますが、疲弊感も強いですし、やっぱり刑事・警備といった二大カンバン・保守本流ではないという、そこはかとない悲哀と引け目がありました（「俺たちは所詮、生安《ナマヤス》だから……」）。これは、体感です。

しかし、平成30年現在の、だから生活安全局がすっかり定着した後のキャラクタである、生安太郎さんはどうかというと……

むしろ、メインストリーム意識を持っていると思います。

というのも、生安はその守備範囲の広さから、次々と仕事を（権限、なんて言い換えてもいいかも知れませんが……）拡大してきましたし、専門家集団としての強みを、ますます堅実にしてきましたから。そもそも、常にあらゆることの最前線にいるというのは、役人的に言えば、極論、予算要求のネタにも組織要求のネタにも困らないということ。伝統的な部門が新しいネタで予算を獲得しようとか、新しい課を作ったりナントカ官を置いたりするのは大変ですが、生安の場合は違う。社会の側で――知恵ある犯罪者の側で――その必要性をどんどん生み出してくれます。要求が一〇〇%通るなんてことはあり得ませんが、ネタというか、タマも出せない部門とは雲泥《うんでい》の差です。それが約30年も続けば、ぶっちゃけ、組織を維持・拡大するノウハウも蓄積されます。

また、警察部内におけるパワーシフト現象も、生安の地位向上に一役買いました。すなわち、60年安保・70年安保華やかなりし頃は、東京が戦場になるくらいでしたので、当然、時代の花形は警備です。情報の公安警察であり、実施の警備警察です。実際、その昔は警察庁長官・警視総監といえば、警備部門出身者の指定ポストでした。ところが、既に平成の頭ころ（生活安全局ができた頃）、市街戦はとっくになくなり、代わって生じてきたのは高度経済成長・バブルの徒花《あだばな》としての、経済事犯であり環境事犯です。飲む打つ買うも、ド派手になっていました。既に述べたとおり、これは生安の縄張りです。ましして、平成も二桁に入ると、相談事案、ＤＶ事案、ストーカー事案などが（警察の及び腰を示すものとして）脚光を浴びてゆく。これも、主として生安の縄張りです。要は、警察に求められる役割が、市街戦のドンパチから、市民・社会の安全確保にシフトしたのです。そして警察は、半ば自発的に、半ば怒れる市民に怒鳴られながら、組織のパワーシフトを断行した。もちろん警備から生安にです。これに伴い、例えば、かつては現場の主要管理職ポスト（いわゆる総警務《ソウケイム》。総務、人事、会計、監察など）は警備部門独占だったのですが、それらが次々に、生安に明け渡されることとなりました。もっとも、平成30年現在となると、またとりわけ国際テロ情勢が緊迫していますので、パワーバランスの更なる変動が認められるのかも知れませんが（退官後のことは知りません）、やはり警備ギルドにもそれなりに身を置いた私としては、「ああ、時代は警備から生安に移っているなあ……」と強く感じたのを憶えています。

――よって、生安太郎さんは、たとえ仕事の内容が『ガレー船漕ぎ』のままであったとしても、部門と自身の将来に、それなりの期待を持っているでしょう。先ほど、生安太郎さんのキャリアプランを駆け足で見ましたが、生安には勢いがありますので、例えば警部時代に、総警務のポストを委ねられるかも知れません。あるいは警視時代に、人事の管理官とか、監察官とかを任せられるかも知れません。そうして箔《はく》が付けば、生安ギルドでの立身出世は確実ですし、いよいよ役員（警視正）が狙えるかも知れない。部門に勢いがあるということは、部門の構成員にも恩恵があるということですから。

そういう意味で、生安太郎さんには、「自分は警察のメインストリームにいる」という自覚が、多かれ少なかれ、あるはずです。

生安太郎のマインド――警察太郎との差分

それでは、生安太郎さんの仕事の内容が解ったので、今度はここから導かれる、生安太郎さんのマインドを見てみましょう。

A　何でも屋マインド

なるほど生安の仕事というのは、列挙してみれば、あるいは元となるルールを厳密に見れば、『縄張り』『国境』がハッキリしています。しかし、その中身はあまりに多岐にわたり、生安の中でも様々に専門分化しています。

よく言えば何でもできますし、悪く言えば何でも押しつけられます。

実際、部内のマインドとしては、「特別法犯ならぜんぶ生安だろ？」というのがあります。すなわち、刑法に書いてある殺人、強盗、詐欺、横領等々以外はぜんぶ生安の仕事、という意識があります（厳密に言えばマチガイですが、生安の守備範囲は広いので、結果論としてほとんど当たりになる）。なお、もう少しこの『特別法犯』について述べますと、刑法以外の法律で、罰則が設けられているもの全部——というイメージで大丈夫です。当然、膨大《ぼうだい》な数になります。

　まして生安には、『市民生活の安全と平穏』なんてミッションが与えられていますので、これを素朴に読めば、生安の仕事でないものはなくなってしまう。さらに、薬物と銃器の取締り（薬銃《ヤクジュウ》）が組対に移管された今、現場警察官一般が生安オリジナルの仕事としてイメージできるのは、『風営』『少年』『サイバー』くらいのものでしょう。そうなると、「それだけかよ!!」というイメージにもなり（実際は違う）、「これくらいは受けてくれよ〜」「新規ジャンルは生安にでも回しとけ」「薬銃なくなったんだからヒマしてるしな」という文化になりがちです。

——そして、生安の専務員自身にも、これについては諦めがあります。

　生安太郎さんは、さすがに「特別法犯はぜんぶ生安というわけじゃないぞ!!」と思っていますが、警察部内の、そうした積年の「生安は何でも屋!!」マインドに慣れきっていますし、もっといえば「抵抗は無意味」だからです。

というのも、読者の方のイメージどおり、例えば『刑事』と『交通』についてはイメージがハッキリしていますし、だから守備範囲も比較的明快なのですが……生安はそうではないから。じゃあ4専務のうち残りの『警備』はというと、これは秘密主義の独立王国。これらのうち、いちばん守備範囲・国境管理が明確なのは交通（ぶっちゃけ事故と規制）。

さてそうなると、たいてい、『新しいジャンルの仕事』『聞いたこともないような仕事』『警察として初体験の仕事』『これから担当を決めなければならない仕事』では……刑事と生安の内ゲバが起こる。それは、美味しい仕事を奪い合うという積極的権限争いでもそうですが、とりわけ、よく分からないタスクを回避するという消極的権限争いにおいて顕著になります。そして一般論として、刑事は花形意識が強いので（「警察は刑事でもっている」との信念がある）、極論「バカ、そんな腐《くさ》れ仕事やってられっかよ」「ウチがどれだけ身柄持ってるのか知ってんだろ？」「いいや、出せる人間なんて1人もいないね、ビタ一文譲れないね」等々、ゴネる。態度も口も悪い。すると、たいていは紳士的で人柄のよい生安が、先の自己犠牲マインドを発揮して、「仕方ない、ウチでやろう、ゴチャゴチャ言ってても刑事は人出ししないし、事案処理遅れるし……」と自ら手を挙げることになります。

まあこれが悪循環になって、『生安は何でも屋』『困ったときは生安』となる。

——生安太郎さんは、警察署勤務でも、警察本部勤務でもこれを刷り込まれ、あるいは嫌というほど経験し、諦めの極致で『ウチがやらないと誰がやる？』というマインドを形成してゆきます。具体的な局面では……各専務混成になる当直班で、刑事は無線指令を無視して狸寝入《タヌキ》りだから、生安太郎さんがすぐ当直の公用車で素っ飛んでゆくとか、警察本部にナントカ対策本部を設置しなければならないとなると（蝟集《いしゅう》少年でも暴走族でもハロウィーン警備でも何でも）、四の五の言わずに素直に人出しするとか、交番の言い分だと刑法犯なのか特別法犯なのかよく分からないから、とりあえず最初に動くとか——そうした、後天的な人柄のよさ、後天的な一歩前へマインドが形成されます。刑事がボス的、悪ガキ的だとすれば、生安は学級委員的で、内申がいいタイプです。

Ｂ　ヘルプデスクマインド

生安は、何でも屋なので、警察部内でもセンセイになることが多々あります。

そもそも、「特別法犯は生安!!」ということにされてしまうので、およそ六法全書に載っている罰則のついた規定であって（○○をした者は、××の刑に処する）、刑法典に載っている以外のものや、道交法に載っている以外のものは、サラリと担当にされてしまいます。受動的にもそうですが、能動的にもそうです。

というのも例えば、生安が担当するのは社会に大きな影響を与える活動ですから——保安警察の例を思い出してください——肉の産地偽装にしろ、仮想通貨の流出にしろ、新しいＪＫビジネスにしろ、これを終局処理しなければならないのは、とにかく生安なので。

そして、とにかく処理しなければならないということは、未経験であろうと意味不明であろうと、聞いたこともない概念だろうとアブラカダブラだろうと、いちはやく知って、いちはやくプロフェッショナルにならないといけないということ。生安のこうした守備範囲の広さは、好むと好まざるとにかかわらず、進取の気性を生みます。知らないことでも懸命に勉強して、新しい事態に順応・同化できる心構えを生みます。専門家というと、知っていることを深く狭く……時に浅く狭く……掘り下げるだけで、時代に応じた知識のアップデートをせず、専門家でない人々を見下しながら、大したこともないスキルのままふんぞりかえっている井の中の蛙《かわず》になってしまいがちですが、生安の守備範囲の広さは、そんな悠長《ゆうちょう》なことを許してはくれません。だから生安は、他の専務と比べ、いつも六法や法令の逐条解説を繰ることになります。昨日まで知りもしなかった条文を、今すぐ適用しなければならないことも稀《まれ》ではないからです。それも、ミスれば弁護士等から総攻撃を食らうリスクを負いながら。

こうしたことから、まず、生安は警察部内でも、法令のエキスパートです。読み方が分かっていますし、また、どこをどう突《つつ》けば適用すべき罰則が引っぱってこれるのかも分かっています。その罰則の正しい解釈を知るには、どんな資料に当たればよいのかも――そうした『当てはめのためのアタリ』をつけるセンスは、ピカイチです。

また、そうした罰則についてのセンスだけでなく、行政一般や、規制の仕組一般についてのセンスも備わっています。何故と言って、他省庁と比べてささやかに過ぎますが、生安は『業法《ギョウホウ》』『業規制』を持っているからです（風営、質屋・古物、警備業、探偵業）。これは、例えば刑事・警備にない特徴です。とりわけ独立王国の警備だと、警察がどんな業を規制しているのかも知らなければ――まあ昇任試験があるのでそのときは憶えますが――どんな法令で規制しているのかも知らないのがアタリマエ。悪ガキである刑事だって、「俺は風営法なんざ読んだことがねえ」というのがマジョリティです（まして他の業など知らない）。しかし、業法を経験しているのと経験していないのとでは、警察官としても公務員としても、雲泥の差が生じます。業法をやっていると、当然ながら法令を読む癖《くせ》がつきますし、『法令とはどういうものなのか』『どういうパターンで、何を書いているのか』『どのパートを探れば、必要な条文が見つかるか』というセンスが、自然と身に付くからです（現代の法令というのは、クセさえつかめば、解説書は不可欠だとしても、構造解析するのにさほど苦労はしません。喩えるなら、ロシア語やアラビア語の習得のようなものです）。

こうした意味でも、生安は法令のエキスパートで、また行政のエキスパートです。

すると、生安太郎さんは、警察部内では――

何でも屋なので、まず生活安全部門の中で、様々な相談を持ち掛けられます。生安太郎さんが少年のエキスパートであれば、少年法について。風営のエキスパートであれば、風営法について。それはばかりではありません。生安太郎さんは、刑事・交通・警備からも、様々な相談を持ち掛けられるでしょう。このときは、もちろん生安太郎さん自身の専門分野について訊かれることもあるでしょうし、全然違うこともある。すると生安太郎さんは、「そんなの知らないよ……」「俺も初めて聞くよ……」「俺少年しかやったことないよ……」と言いたいのにもかかわらず、「オイお前詳しいだろ、ちょっと知恵貸してくれよ、生安のセンセイなんだろ」みたいなノリで、気軽に知恵袋として活用されてしまう。

——生安太郎さんは、専務のうちでも気さくな人格者ですし、優等生的ですので、「まったく、また生安をヘルプデスクにしやがって……」と思いつつ、それでも他部門の無茶ブリな相談に、さっそく警察官実務六法を引っぱり出しながら、応えようとするでしょう。頼られて悪い気はしませんし、何でも屋としてはイザというとき他部門に協力しておくのは損ではありませんし、何より、刑事・交通・警備よりも『法令の読み方』『罰則の当てはめ』に通暁《つうぎょう》しているからです。他部門も、「生安のプロに聞いておけば間違いはないし、近道だ」という信頼を、多かれ少なかれ、持っています。

このように、生安は、警察部内の知恵袋で、ヘルプデスクです。

C　ノン・タコツボ・マインド

既にお解りのとおり、生安には、不思議な二面性があります。様々な専門分野のプロフェッショナルであると同時に、あらゆる警察事象に対応できるジェネラリストであるという二面性です。また、犯罪捜査もできれば業規制もできるという二面性をも有しています。

具体的には、例えば生安太郎さんが風営法の専門家——部内では『風営のセンセイ』等と呼ばれます——だとすると、生安太郎さんは、そんじょそこらの弁護士・行政書士が束《たば》になってもかなわない、このジャンルでの専門知識を持っています。このジャンルについては、歩く六法全書のようなものです。もし、メディアのニュースでJKビジネスの摘発を聞いたなら、その瞬間「うん、何条の何の何々違反だから、罰則はこうでこう。事件の組立は何条で入って、落とし所はこのあたり。なかなかいい事件だなあ。ひょっとしたら警察庁長官賞が出るくらい筋がいい。ウチも頑張らないと」なんて思ったりする。あるいは、退勤の途中で黒服の客引きを受けても、まあ粋《いき》にかわすでしょうが、瞬時に「バカだなあ、そんな具体的なセリフに身振りじゃあ、お前も店長も罰金一〇〇いうこと。

万だぞ」なんて思うかも知れません。これが、専門分野のプロフェッショナルであると

しかし、生安太郎さんは、この場合、風営のセンセイであることにとどまりません。そもそも生安は、何でも屋です。すると定員は、慢性的に不足します。それはそうです。サイバー犯罪でも経済事犯でも、必ず新しい手口、新しい手法が生まれてくるので。すると、それに対応できる体制《タイセイ》をとらないといけませんが、といって、それまでに既に生まれていた手口なり犯罪なりが、なくなるわけではありません。言い換えれば、生安は、常に最新の敵・新種の敵と戦う宿命を負っていますが、それらは増える一方で、まず減ることはないのです。だから定員は、慢性的に不足します。

ゆえに生安太郎さんも、まさか「俺は風営のセンセイだから、一生風営で食ってゆけばいい」などとは思いません。思う余裕がありません。とりわけ警察署では、とりあえずの担当は決まっていますが、あまりに体制《タイセイ》が弱いので、生活安全課員みんなで助け合ってゆかないと、とても仕事が回りません。

だから、生安太郎さんは、風営のセンセイではありますが、何でも屋として、またへ

ルプデスクとして、様々なタスクをこなしてゆきます。もちろんそれらのタスクは、風営とは全く関係のないもの――だから生安太郎さんとしては、経験が少なかったり、極論未知であったりするもの。しかし生安太郎さんの気質として、自分の専門のタコツボにこだわって、それらから逃げようなどとはしません。それでは仕事が回らない、という事情もありますが、何より『一芸に秀でた者は応用の仕方を知っている』からです。本当によい専門家というのは、領域を死守する者ではありません。その領域から『原則』『普遍性』を抽出し、他の領域に応用を利かせることができる者です。そして生安太郎さんには、そのマインドが備わっています。


職務の性質から、それぞれが、よきスペシャリストである。

しかし、職務の特性から、それぞれがよきジェネラリストである。

いささか褒《ほ》めすぎかも知れませんが、生安太郎さんの『ノン・タコツボ・マインド』は実際、警察組織の貴重な財産で、ありがたい気風です。

第２章　刑事太郎――警察一家の大親分にして、永遠のガキ大将

刑事のステレオタイプ――刑事太郎

いよいよ刑事です。

建制順《ケンセイジュン》では、生安の次、二番手になります。重ねて、これは優劣を意味しません。もちろん専務の１つですから、エキスパート・スペシャリスト集団です。

そして、これも確認ですが、刑事とは、専門の呼称にして専門家の呼称です。ゆえに、これまで同様、刑事部門のステレオタイプ警察官のことを、刑事太郎と呼ぶことにします。

刑事太郎の勤務スタイル

刑事太郎さんの勤務スタイルは、生安太郎と一緒です。もっといえば、懐かしの（？）警察太郎さんとは全然違います。すなわち、本社＝警察本部における私服勤務と、

支店＝警察署である私服勤務がメインです。その勤務は日勤制で、警察太郎さんの3交替ではありません。県庁・市役所の公務員と一緒のイメージでよいのも、生安太郎さんと一緒です。専務員は、皆《みんな》そうです。

もちろん、そのイメージというのは、勤務時間の大原則というだけ。そしてとりわけ刑事は、例外だらけです。生安太郎さんも、定時上がりではなかったし、休日が必ずとれるわけでもなかったですね。呼出も多かった。それは、交番の警察太郎さんと違って、専務員として、事件事故の終局処理をするからです。警察太郎さんが初動だけの仮担当だとすれば、刑事太郎さん・生安太郎さんはいわば『本担当』なのです。

そして、刑事が『例外だらけ』というのは――

生安が本担当する事件事故より、刑事が本担当する事件事故の方が、突発性《とっぱつせい》が高いからです。殺人、放火、強盗、傷害といった、いかにもな刑事事件を思い浮かべてください。いつ発生するかは、犯人以外には分かりませんね。そしていったん発生すれば――被害届をとって、被害者の調書を作成して、被疑者を捜し出して、例えば逮捕して、関連箇所のガサをして、被疑者の取調べを20日間程度して、タイムリミット内に起訴に持ちこまなければなりません。すなわち、こうした典型的な刑事事件の場合、刑事太郎さんは、①ものすごくストレスフルな『待ち』を耐えなければなりませんし、いざ発注があれば、②ものすごくストレスフルな『先の見えないハンティング』をするか、③ものすごくストレスフルな『キッツい納期』を守らなければなりません。いうまでもなく、②は被疑者が確保できていないケースで、③は被疑者を押さえたケースです。要は、被疑者が検挙できていようがいまいが、刑事太郎さんの仕事のシビアさに、何の変わりもないということです。ゆえに、勤務時間の大原則はありますが、いざ発注があれば、超勤、超勤、また超勤。休日返上もアタリマエ。例外だらけですし、むしろ例外の方が原則と言えるでしょう。

このあたり、生安太郎さんとの差分を見ると、そのキッツさが解ります。すなわち、生安太郎さんの場合、確かに突発もありますが（例えば条例違反の痴漢、DV・ストーカー対応、あるいはかつてのシャブの緊逮など）、生安太郎さんは、『社会に重大な影響を与える事件事故』『飲む打つ買う』『危険物』を縄張りにしています。ここで例えば、アングラカジノや違法性風俗を考えてみましょう。これらは被害者が被害を申告してくるものではありません。警察が必死で、端緒《たんちょ》情報をつかんでくるものです。

そしていきなり踏み込んでも何も獲《え》るところがありませんから、それなりの期間の内偵捜査をして、上官も検察官も裁判官も納得するような客観的証拠を積み重ねなければなりません。すると、そこにはある程度の『時間的裁量』があり、ある程度の『計画性』も許されます。いわば、事件をデザインしていくというか。こうしたデザイン型の事件処理のことを『内偵モノ』『掘り起こし型』といいますが、生安太郎さんの仕事だと、かなりこのタイプが多い。このことは、もう少し切迫していて余裕がない、サイバー犯罪であっても経済事犯であっても大きく変わりません。なるほどこれらだと、被害者の被害申告があり、被害者も社会も大きくショックを受けるので、早期解決が至上命題になりますが、その解決法――事件のデザインをどうするかは、生安太郎さんの知識経験に委ねられます。

しかし殺人、強盗等となると、デザインも何もありません。被害申告はいきなりの一一〇番通報、しかも人の生き死にに関係がある。少なくとも地域社会は激震しますし、同時に捜査本部を起ち上げてどうにか3週間で（できれば3日間で）被害者の仇討ちをしなければならない。こうした突発的な、超出前迅速なリアクションが求められる事件処理のことを『発生モノ』といいますが、刑事太郎さんの仕事は、生安太郎さんに比べ、この発生モノの割合が非常に大きい。ターゲットを絞り込み、何日も何日も内偵して『細工は流々《りゅうりゅう》、仕上げを御覧《ごろう》じろ』という処理をするわけにはゆかないのです。

――これは、刑事太郎さんの勤務スタイルにも影響します。

発生モノの被疑者が検挙されていないのなら、「検挙するまで帰ってくるな!!」――となりますし、いざ検挙されたなら、『警察の持ち時間48時間、検察が24時間、勾留がついてくれればさらに10日間、もう一発つけてくれたら最後に10日間』という、最大23日弱のタイムリミットで、「細工は知らねえが仕上げたぞオラ!!」「これ以上どうやれってんだコラ!!」と叫びたくなる感じで、夜も昼もなく仕事をしなければならない。

加えて、よしんば発生モノが認知されていなくとも、3交替制を命ぜられる刑事がいます。それは、全国的には、あの有名な『機動捜査隊』の刑事たち。これはいってみれば、刑事が運用するパトカーのようなもの（パトカーそのものは警察太郎さんの縄張り）。お馴染みの、白黒のパトカーが3交替制で機動警らをしながら一一〇番に備えるように、機動捜査隊も、面パトを刑事独自で運用して、発生モノに備えます。もちろん発生モノの入電があれば、現着《ゲンチャク》一番・第一臨場を目指して現場に素っ飛んでゆく。それも白黒のパトカーと一緒です。だからこの人たちは、むしろ警察太郎さんに近い勤務をする。

あと、警視庁等の大規模な府県警察になると、そもそも刑事を日勤制の公務員でなく、交番のような交替制で運用していることがあります。例えば警察署の刑事が、私服のまま——もちろん専務という立場のまま、刑事部屋を拠点として、寝泊まりしながら24時間勤務をする。この人たちは、警察太郎さんや機動捜査隊ほど『出撃型』ではありませんが、ハードな勤務をすることに変わりはありません。むしろ、最初から本担当の人が泊まりをするわけですから、「引き継いだら終わりだ!!」「初動の捜査書類を書いたら終わりだ!!」とは全くならないので、精神的にも肉体的にも過酷でしょう。

刑事太郎の勤務環境

さて、刑事太郎さんの勤務環境ですが、生安太郎さんとほぼ一緒です。すなわち、警察本部か警察署で勤務をしていて、自分専用のデスクと端末を貸与されています。刑事太郎さんが巡査であっても、警視であってもそうです。

その刑事太郎さんのデスクもやはり、警察本部なら１つの所属《ショゾク》に、警察署なら１つの課にあります。警察本部だと、今度は『刑事企画課（刑事総務課）』『捜査第一課』『捜査第二課』『捜査第三課』……といったところにあり、警察署でも『刑事第一課』『刑事第二課』といったところにあります。ちなみにこの、本社は捜査○○課がテンプレで、支店は刑事○○課がテンプレだというのは、まあ歴史的にそうだという感じで、深い意味はありません。

ここで、生安太郎さんの場合だと、警察本部ではともかく、警察署ではほとんど『生活安全課』にいるということは先に述べました。しかし刑事太郎さんは、平均的に言えば、『刑事第一課』か『刑事第二課』にいます。すなわち警察署だと、生安のマンパワーより刑事のマンパワーの方が大きいので（そこは花形ですし、実際いそがしい）、生活安全第二課というのは存在しなくても、刑事第二課は存在するわけです。もちろん小規模署だとシンプルに『刑事課』１つとなりますし、さかしまに、大規模署だと更にナンバリング課が増えるかも知れません。

刑事太郎の出退勤

刑事太郎さんの通勤スタイルも、やはり専務なので、生安太郎さんと変わりません。あえていえば、通勤というより、泊まり込みになる頻度《ひんど》がより多いでしょう。また、取り扱う事件の性質から、出退勤時間が大きく変わるかも知れません。

例えば、刑事太郎さんが勤務する警察署の縄張りで、放火がたくさん発生しているとしましょう。すると上官は、「いっちょ夜間の邀撃《ようげき》でもやってみるかあ」という指揮をする。となると刑事太郎さんは、朝に出勤して夜に退勤するのをシフトさせ、例えば夕方出勤して翌朝まで張り込み・警戒を行う勤務を始めることになる。

あるいは、そうした戦術的なものでなくとも、出退勤は平然とズレます。

例えば、日中から行動確認をしていた被疑者が深夜までずっと動いていた――となると、まさか「定時だから今日は尾行やめ〜」なんてことはできませんから、退勤は遅くなりますよね。はたまた、とても平穏な1日を過ごし終え、「いやあ、今日は久しぶりに定時で上がっちゃおうかな〜」なんて鞄を用意していたら、警察署の縄張りで焼身自殺が発生してしまったので（もちろん発生時は自殺なのか殺人なのか分からない）、いきなり出動服《ワッペン》に着換えて即臨場、死体見分その他が終わったのはこれまた深夜――なんてことも日常茶飯事です。事件は現場で起きているわけですが、現場に掛かっている時計の針のどこで起きるのかは、分からない。

刑事太郎の階級

次に、刑事太郎さんの階級を見てみましょう。

これまた生安太郎さんと一緒で、仮初めにも『専務』なので、少なくとも巡査長です（名誉巡査）。そしてもし巡査長であるのなら、そこそこ経験を積んだ巡査長です。もちろん、これは下限の話。刑事部門にも、巡査部長、警部補、警部、警視、警視正がそろっています。ちなみにそれぞれ職制でいうと、主任－係長－課長補佐－課長－部長となります。

刑事太郎への『登用』

専務である刑事部門には、やはり『登用』されなければなりません。

全ての警察官は、最初は交番部門で制服勤務をしますから（『交番は警察の学校』）、私服に上がりたければ、専務員登用試験を受けるしかありません。それがペーパーと面接（あと勤評・学校成績・身上データ）による選抜試験であることは、先に述べました。ですので、刑事部門の場合は、刑事専務員登用試験とかなんとかいった（府県により異なる）エキスパート認定試験に、合格する必要があります。

ここで、刑事はやはり花形ですから、刑事志望者は多いです。刑事部門は、採用活動に苦労することはありません。買い手市場です。しかしやはり、巡査の時点でも光る人間は光るもので、そうした逸材はたいてい学校成績（警察における学校成績）も優秀ですから、あらゆる部門で争奪戦になる。この場合でも、保守本流で、イメージ形成が容易で、マンパワーを誇り、しかも団結力が強い刑事部門は有利です。生安・交通・警備より、バラ色の未来を提示しやすいからです。しかも警察官は、先に述べた正義パラダイムを持っていますから、それに一番しっくりくる刑事部門に志望者が集まるのは、見やすい道理です。

そして、買い手市場だということは、自発的に集まってくる志望者にも、優秀な若者が多いということ。どのギルドも、必ず自己の拡大再生産を目指しますので、ブランド力があるというのは、端《はな》っから有利ですし嬉しいことです。その優秀な若者たちは、将来、刑事部門はもとより、総警務《ソウケイム》部門にも根を張って、ギルドの繁栄に貢献してくれます。

刑事花子の活躍

あと、刑事部門は、そうですね……刑事花子さんにとっても、活躍の場がたくさんあるギルドです。先に出した例だと、シャブの女性被疑者の採尿なら組対《ソタイ》の（だから刑事の）仕事に移管されましたし、刑事本来の縄張りでも、例えば強制性交、強制わいせつ等の被害者から事情聴取をして被害者調書を作成するとき、刑事花子さんが大活躍をします。採証活動でもそうです。これは正義にかないますよね。また、女性の身体検査、女性のガサなども日常茶飯事です。あるいは尾行・張り込みを考えても、刑事花子さんがいれば、戦術にバリエーションが生まれ、とても有利です。あと実は、意外にも、刑事というのは緻密《ちみつ》な書類仕事をやってナンボな稼業《かぎょう》なので、このあたり——実態論・傾向として——女性の方がキチンとしたいい仕事をします。だから、交番部門にちょっとでも優秀な女警がいると——例えば警察花子さん——刑事部門としてはぜひ欲しくなる。すると署の刑事課長なりベテランの係長なりが、既に配置されている部下の女性刑事にお願いして、まあ、署のお手洗いなどで、花子さんと接触してもらう。そして「もし交番を離れるとしたら、どこへ行きたい？」「内勤になってみる気はある？」「実は強行犯のポストが1つ空くんだけど……」なんて、女性同士の内緒話をしてもらったりする。OKであれば、極論、即異動です。すぐに手続を始め、次に動かせるときに刑事部屋へ。このとき警察花子さんは、たちまち刑事花子さんになる。女性の場合は、男性と異なり、「私、実は交番勤務半年しかしてないんですよ!!」なんてこともザラです（私が警察署で知り合ったN巡査長のケース）。もちろん勤務は男性と一緒でキツいですが、刑事の場合、刑事太郎さんより刑事花子さんの方が、活躍も立身出世もしやすいかも知れません（志《こころざし》半《なか》ばで道を諦め、「交番に戻していただきたいです」と訴え出る女警さんももちろんいますが……同じくS巡査長のケース。なおその後、交番ではまた大活躍していましたし、しあわせな結婚をされましたので、人生いろいろです）。

刑事太郎のキャリアプラン——スタートライン

さて、刑事太郎のキャリアプランはどうでしょうか？

登用試験に合格するのは、生安太郎さん同様、巡査長／巡査部長のときです。もちろん、警部補でというのもあり得ますが、警察太郎さんのところで述べたように、警部補となるともうベテラン組ですから（係長）、そこからギルドの徒弟制度をはい上がってゆくのは、若い警察官より過酷でしょう。とりわけ刑事部門では、階級よりも実力がモノを言いますし、実力は年季に左右されるところ大ですし、それを抜きにしても、『お前、いつから刑事の飯を食ってるんだ？』という刑事一家意識に左右されますから。

もっとも、刑事は警察の花形にして主役ですので、①他部門の優秀な人材を獲得してくることも、②他部門から人事交流をお願いされることも、採用ルートとしてはあり得ます（他県から修業のための『留学』をお願いされることすらある）。

①の場合、もう後戻りできない片道切符ですから、獲得された警察官は元のギルドからすれば裏切り者、刑事からすれば新参の功績を挙げなければならない者となる。そして②の場合は、いわば出向者なので、やがては元のギルドに帰る者。まして『鍛えてください』と身柄を預けられた者。なので、イジメとは言わないまでも、徒弟制度の残酷な修行と通過儀礼にさらされます。私は片道切符のケースも出向者のケースも知っていますが、後者を経験したK警部補は（警察署長まで勤め上げられて退官しています。優秀な方でした）、「いやあ、交流で刑事に出たときほど、警察を辞めようかと思ったことはないです」「正直キツかった」「滅茶苦茶やられました」「尋常《じんじょう》じゃない」と深刻に苦

笑していました。

――あとちなみに、特殊な刑事採用ルートとして、『財務捜査官』『国際捜査官』といった、会計、外国語等に特別な知識経験を有する民間の方を、積極的に中途採用するルートがあります。中途採用だと、年齢・処遇の特殊さがありますので、例えばいきなり警部補スタート、もちろん刑事スタートということになる。たいていは、警察学校での短期集中コースで警察官としての文化を吸収してもらいますが、そして数年はその専門分野の中核として勤務してもらえるのですが、大きな傾向としては、10年以内に退職してしまう感じです。警察は閉じた部分社会で、特異なパラダイムとマインドを持っているので、文化に同化するのは――しかも例えば30歳代で同化するのは大変ですし、警察官の動機付けはお金ではないので（そしてそれが正義パラダイムやオール・オア・ナッシング・パラダイムで強化されるので）、適正・健全なコスト意識のある民間出身の方は、とても途惑《とまど》われることが多い。またそうした途惑いをフォローするほど、警察一家も刑事一家も面倒見はよくありません。こうしたことから、『専門家は、民間から登用するよりも、採用時にスキルのある者を一本釣りして純粋な警察官として育成すべきだ』――という考え方が優勢です（是非はともかく）。

いずれにせよ。

刑事に登用された警察官は、職業人生初の私服勤務を開始します。最初からエリートの警察本部勤務ということはなく、警察署での私服勤務・日勤勤務です。

刑事太郎の『徒弟制度』

ただ、刑事ギルドは保守本流で、とりわけ徒弟制度が強いところですから、新任の刑事など『ゴミ以下』です。一般論として、生安・交通・警備のどの専務も、それは新人を厳しく鍛えますが、刑事部屋の殺伐《さつばつ》とした雰囲気なり、それこそ極道の組事務所のような恐ろしさなりは、他のギルドではなかなか味わえないものでしょう。もちろん、マル暴にとって組事務所が恐ろしくないように、ベテランの刑事にとってはそれがノーマルで、むしろ居心地のよいものなのですが。

そのような環境で、いちばん末席のデスクを与えられた新任の刑事は、見よう見まねで、『見て盗みながら』『背中を見ながら』『ケツにくっつきながら』『指導部長（指導をしてくれる巡査部長）の書類を書き写しながら』『コピーのときは勉強用に手控えをかすめとりながら』刑事の実務を憶えてゆくことになります。下命《かめい》された捜査書類を——

それもかなり初歩的なものを——懸命に作成して指導部長に校閲をお願いすれば「ダメ」「ダメ」「バカ!!」（理由説明なし。5回目のアタックで、黙って聞いていた係長あたりがそっとポイントを囁《ささや》いてくれるかも）。下働きなどは真っ先に終えていないと「使えない」。初めて死体見分に出てみれば、「お前がやってみろ」。平成30年の今では、さすがにもう少し『やってみて、言って聴かせて、させてみて……』型に変わっているはずですが、まあ、警察だの刑事だのに限らず、スキルというのは口で教えられたら忘れるものです。手と足と体で憶えるのが最も合理的です。だから、日本社会の一般論として、刑事の徒弟制度がとりわけおかしいとは言えませんが……

ここで、私が警察署の刑事をさせてもらっていたときの話をしましょう（なんちゃって警部補なので、デスクの島の頭にいました）。ある払暁《ふつぎょう》、島の2席先に陣取っているG巡査部長がいきなり、警察学校から刑事見習いに来ていたY巡査くんに言うことには……「おいY巡査補。◯◯の準備ができてないぞ。お前そんな態度で刑事部屋にいられると思ってるのか。なあ、あそこに古野係長がいるだろう。古野係長は東京から来たキャリアのお方だから何もできなくたってニコニコしてりゃあ誰かが助けるだろうけどな俺も含めて。でもお前らは現場のミジンコ巡査で、ここに勉強に来させてもらってるんだろうが。まず自分の頭で考えて自分で動いてナンボだろうが。何も気働きしてない癖に、キャリアのお方みたいにマヌケ面して指導部長に質問するのは10年早いぞコラ。お前いつからキャリアになったんだ？」。

……さすがに古《いにしえ》の話ですので、多少台詞《セリフ》に違いはあるでしょうが、G巡査部長は怒鳴るでもなく激するでもなく、ドスを利かせてそんな訓育《クンイク》を入れ始めたのです。なんちゃって係長の私は、当時、G巡査部長の書類仕事に心服していたこともあり（厳しくもマジメに校閲してくれました）、また、G巡査部長は皮肉屋ではあるものの決してパワハラ型ではなかったこともあり、「うっわ～、さすが刑事。キャリアなんて屁とも思ってないや」「演技にしても、そしてキャリアに聞かせる冗談にしても、まあえげつない指導をするもんだ……」と、唖然《あぜん》とした憶えがあります。ちなみに翌日、そのY巡査くんと私とでふたり慰労会をやりまして、それがきっかけで、Y巡査には長いこと、現場仕事の実態の情報源になってもらえたのは嬉しかったです。

このY巡査は『学校生徒』でしたが、専務員試験をパスした新任の刑事とて、やられることは大して変わりません。

こうした厳しさは、交番勤務の警察太郎さんが、まさか経験しないことです。専務になるということは、ステイタスが上がる分、苦労も多いということです。

ゆえに刑事太郎さんも、そうやって鍛えられつつ、切った張ったの現場仕事の中で、一端の現場刑事になったでしょう。既に巡査長の時代に、たいていの刑事仕事は――少なくとも下働きの実働員として押さえておかなければならないことは――スラスラできるようになっていたはずです。

刑事太郎のキャリアプラン――異動と昇進

そして、刑事をしていると、なかなか勉強の時間がとれませんが、ギルドの一員としては、やがては巡査部長に、そして警部補にならなければなりません。今度は自分が指導部長等として、後進を育て、ギルドの質の維持を図る必要があります。それに、ギルドでは徒弟制度が厳しいので、いつまでも兵でいたくないなら、軍曹である巡査部長にならなければいけません。そうしたわけで、刑事太郎さんは、巡査部長試験の合格を目指します。合格すれば、主任。ここで交番部門に出るのは、生安太郎さんと一緒。それが短いのも一緒。刑事ギルドに帰ってくれれば、警察署の刑事の主任。優秀で、実績を挙げていたとすれば、警察本部に引っぱられるかも知れません――専務の中でも、『警察本部＞警察署』という序列がありますから。すると、警察本部の刑事の主任ですね。

また、生安太郎さんのところで述べたとおり、現場肌の職人として生きることを決意したとしても、警部補までは目指します。だから次は、警部補試験の合格を目指す。合格すれば係長で、交番部門に出る。また短い期間で帰ってきて、警察署／警察本部の刑事の係長。警察署であれば、恥ずかしながら先の私のとおり、シマの頭にデスクを置く立場ですし、警察本部であれば、実働員ではありますが、刑事の中でも優秀さを認められたエリートです。もし捜査本部でも立ったなら、警察署の刑事や交番のおまわりさんを指導して、ペアで捜査をしたりする立場です。捜査本部の花形役者にして、捜査の成否を担う、『取調べ官』を務めるかも知れません。

なお、いったん刑事になれば、大ポカだの不祥事だのを起こさないかぎり、刑事を辞めさせられることはありません。だから交番勤務が短いのです。刑事一家の絆は（ギルドが離婚を申し出るまで）一生モノなので、例えば巡査長・巡査部長・警部補である刑事が、あるポストを数年勤務して、組織から「そろそろ長すぎるなあ……」と思われても、まさか交番に出されることはありません。そのまま、警察署の刑事部門の衛星運動に入ります。例えば県都から、今度は北へ行き、今度は南へ行き、今度は東に行ってまた県都に帰り……といった感じで。もちろん先述のとおり、警察本部の食指が動くような人材となれば、この衛星運動は、警察本部～A署～警察本部～B署……といった往復運動になる。これはほとんどオートマチックです。官僚組織の異動なので。

このオートマチックな運動を変化させるためには、警部試験に合格する必要があります。すなわち、警察署でいう課長、警察本部でいう課長補佐に、ランクアップする必要がある。そうすれば、人事の自動運動はパターンを変えます。しかし、警部も長くなれば、また刑事内の衛星運動・往復運動に入りますので、今度は『管理職試験』に合格して、下位の管理官、対策官、室長、副署長等になる必要がある。

そして、自分の努力でどうにかなる最後の関門は、警視試験です（論文・面接）。すなわち上位の管理官、対策官、室長、副署長……あるいはもちろん所属長《ショゾクチョウ》（警察本部の課長、警察署長）になるための、最後のセレクション。

刑事もここまで来ると、よくドラマに出てくる『管理官』が務まります。あるいは、捜査本部が立ったとき、『副署長』として刑事のため庶務的段取りをこなす日が来る。

はたまた例えば、ドラマにもなりましたが、『捜査第一課長』なんて所属長ともなれば、捜査一課の守備範囲については、府県の全刑事を思いのままに指揮できる。まして警察本部には、直参《じきさん》の、選《よ》りすぐりの精鋭刑事たちがいる。他方で、警察署長は、自分の署の刑事しか動かせないけれど、他の署に責任が一切ないので、もっと戦術的・機動的に動かせる。今度は捜査一課長と違って、刑事の仕事のあらゆるジャンルについて動かせる。署長なら、捜査本部にだってモノ申すことができる。

刑事太郎さんが、所属長を目指す意欲のある刑事ならば、管理官などもやってみたいでしょうが、最終的には所属長になって、大きな部隊の舵取《かじと》りをしてみたいと思うはずです。具体的な事件の指揮をするのは、どこまで決裁が必要かを別とすれば（もちろん社長決裁が必要な案件はナチュラルにあります）、実際上、所属長ですから。

そして、生安太郎さんのところで述べたとおり、刑事太郎さんが超野心家・超実力派であるのなら、刑事の頂点——『刑事部長』のポストを欲するはずです。この警視正の役員が、刑事ギルドの長《オサ》です。ただ、警視正試験というものはありません。役員たる警視正になれるかどうかは、時として数代にわたる、社長・副社長の人事構想によります。

実際のところは、警部試験・警視試験の合格状況などで、既に将来の役員候補というのは決まってしまうのですが（カンタンな決定要因としては、年齢。例えば55歳で警部になっても、役員は無理）。

ちなみに、この刑事の頂点たる刑事部長については、若干のコメントが必要です。というのも、確かに刑事部長は刑事の長なのですが、府県によっては、それが東京人事の指定ポストになってしまっていることがあるから。要は、警察庁から来る者の指定ポストなので、都道府県警察の＝現場の警察官がどう頑張っても、刑事部長にはなれないケースがあるのです。この現象については、極論、戦前からの伝統なので、現場からの反抗意識とか、改革要求とかは、ありません（聞いたことがない）。また、警察庁もバカではないので、現場の士気を落とすようなことはしません。すなわち、もし刑事部長が東京人事の指定ポストであるときは、オートマチックに、『生活安全部長』とか『交通部長』とか『地域部長』といった役員ポストのどれかが、刑事の最終ポストとして確保される。そこに警察庁は手を出さない。するとどのみち、刑事の最終勝者は役員ポストを確保される（椅子取りゲームなので、警察庁が割り込んできた以上、イスを奪われる専務もあるわけですが……）。このときは、役員ポストを確保されるほか、『刑事部参事官』『刑事総務課長』といった役員／準役員ポストも、もちろん刑事のもの。

そんな感じで、刑事については、最終ポストが微妙に変わる可能性があります。刑事太郎さんが位人臣《くらいじんしん》を極めたとして、府県によっては、それが『生活安全部長』等であるかも知れません。しかしながら、それは、ギルドの長としてのパワーに何ら影響しません。役職が何であろうと、数十年をギルドに捧げ、後進を鍛え上げてきたその影響力は、刑事全体に及びます。例えば巡査部長の刑事が「俺には関係ねえや」と思うのは自由ですが、その生殺与奪《せいさつよだつ》はすべて長《オサ》に握られています。

もちろん、警視で退官する刑事もいれば、巡査部長で退官する刑事もいます。その千差万別さ、あるいは標準的な在り方は、ステレオタイプの警察太郎さんについて述べたとおりです。

刑事太郎のお仕事

さて次は、今更ですが、刑事太郎さんの仕事の内容を見てみましょう。

といっても、警察エンタメのおかげもあって、生安太郎さんより遥かにシンプルです。

ここで、生安太郎さんは、「特別法犯なら生安!!」といった何でも屋でしたね。また、幾つかの業を所管し、ゆえに業法《ギョウホウ》を持っていました。またそもそも論でいえば、かつての『防犯部』という言葉どおり、犯罪の防止・抑止一般を持ってもいます。その守備範囲は、とても広かった。

しかし、刑事太郎さんの守備範囲は、科目的にはとても狭い。

すなわち、まず何と言っても「刑法犯を取り締まる」ことです。要は、刑法という法律に書いてある罪を捜査し、被疑者を検挙し、確定有罪判決を獲《え》ることがメインです。それだけではありませんが、刑事と言えばこれなので、まずはこれについて説明します。

刑法犯の取締り

刑法に書いてある犯罪というと、真っ先に思いつくのが殺人、傷害、窃盗、強盗あたりでしょうか。あとは痴漢関係で、強制わいせつ。さらに強姦は、最近、『強制性交等』と罪名も中身も改正されたので、記憶に新しいところ。

さて刑事太郎さんは、こうした典型的な・有名どころの犯罪を担当します。『担当する』というのは、事件一件を、終局処理まで受け持つということ。ここで、何が起きても真っ先に『初動警察活動』をしなければならないのは、警察太郎さん——交番のおまわりさんでしたね。しかし刑事太郎さんはそうではなく、警察太郎さんの初動が終わればすぐ引き継ぎを受け、①まずは捜査をする。②被疑者を確保する。③そして検察官に起訴させる。④必要なら、起訴後も公判の維持のため捜査をする。⑤最終的には、被疑者が有罪であることを裁判所に認めさせる——これが、事件の終局処理をするということです。

この事件処理は、最終的に⑤を目的としているため（行く所まで行くなら、最高裁で勝たないといけないため）、裁判所を徹底的に説得する仕事です。はたまた、裁判所で実際に戦うのは検察官ですから、検察官を説得する仕事でもあります。最近では、裁判員さんも説得しなければならない場合が出てきました。クライエントは、多いです。

そうなると、口でゴニョゴニョ言っているだけでは駄目ですし、言った言わないになってもいけませんし、何より、ベストなプレゼンをする必要があります。ゆえに、刑事太郎さんの仕事というのは、極論、この『裁判所・裁判員・検察官を心底納得させるプレゼン資料を用意すること』『検察官が裁判所でのコンペに勝てるためのプレゼン資料を用意すること』に尽きる。だからこそ、刑事太郎さんの仕事は、書類、書類、また書類になるわけです。もちろん、写真、写真、また写真でもあれば、図面、図面、また図面でもあります。刑事太郎さんが、意外に緻密なデスクワークの達人であるのは、そうならざるを得ない、仕事上の必然性があるのです。

デスクワークの達人——書類、書類、また書類

部外の方に『書類、書類、また書類』と言っていても、具体的なイメージは作っていただけないでしょう。ドラマのお陰で、刑事の仕事は断崖絶壁の上で犯人の自白を聞いてジ・エンド、あとはタイトルロール——というイメージも強いですから（現場の刑事が警察エンタメに対して必ず漏らす愚痴の1つは、「ケッ、そっからが本当の仕事だってのによ」「あんなんで終われたら苦労はねえや」といったものです……）。

ゆえに、まず、ちょっと煩瑣《はんさ》ですが、読み飛ばしていただく感じで、そうですね……とてもシンプルな『空き巣事件』について、どんな書類が必要となるか、ダイジェストのダイジェストで考えてみましょう。ごく一般的な、丑三《うしみ》つ時《どき》に、現金と物品でトータル20万円ほどを盗んだ事案——と思って、流し読みしてください。

Ａ　空き巣被害者から訴出があった
『被害届』『被害者調書』

Ｂ　被害現場の捜査をした
『実況見分調書』（現場見取図、現場写真等を添付）、『捜査報告書』

Ｃ　売りさばかれた盗品が見つかった
『捜査報告書』（被害品発見捜査報告書）、『供述調書』

Ｄ　盗品を警察で預かった
『任意提出書』『領置調書』

Ｅ　被害者にもその盗品を確認してもらった
『被害者調書』

Ｆ　捜査の結果、被疑者を割り出した
『捜査報告書』（容疑者発見捜査報告書）、『参考人調書』（写真面割等）、指紋・微物・防カメ捜査等をへて『捜査報告書』（被疑者割出し捜査報告書）、被疑者の行動確認等をへて『捜査報告書』（被疑者所在捜査報告書）、所要のステップで『捜査関係事項照会書』

G　被疑者が『罪を犯したことを疑うに足る相当な理由』をプレゼンする『逮捕状請求書』（これまでの捜査をプレゼンできる疎明資料を添付）、同時にガサを掛けるときは『捜索差押許可状請求書』（ブツが確実にあること等をプレゼンできる疎明資料を添付）

H　被疑者を逮捕した『通常逮捕手続書』、逮捕後に引致して『弁解録取書』、逮捕現場で無令状ガサをしたなら『捜索差押調書』『押収品目録』『押収品目録交付書』、Gで捜索差押許可状をとっているときはその『捜索差押調書』『押収品目録』『押収品目録交付書』

I　被害者にガサで押さえたブツを見てもらった『被害者調書』

J　逮捕した被疑者について捜査をした取調べをして『被疑者調書』、必要なブツを提出させて『任意提出書』『領置調書』、提出されたブツ等について『鑑定嘱託書』『実況見分調書』、アリバイ捜査等の裏付けをしてくれた人から『答申書』、被疑者の家族等から『参考人供述調書』、犯行の実演をさせてみたなどのときは『再現見分調書』、さらに必要ならば追い討ちガサで『捜索差押許可状請求書』『捜索差押調書』『押収品目録』『押収品目録交付書』、またブツが増えれば『鑑定嘱託書』『実況見分調書』

Ｋ　検事にプレゼンできる段階である／タイムリミットである『総括報告書』（鑑識関係資料も作成）、『送致書』『証拠金品総目録』『書類目録』

……もう1度言いますと、事案は、丑三つ時に20万円ほどを盗んだ空き巣です。サザエさんに出てきそうな、ノーマルなドロボウ事案です。それで、ザッと柱を思い浮かべるだけでも、これだけの書類が必要となります。もっといえば、右の例は捜査が極めて、順調に進んだケースで、実際にはこれ以外の書類も必要になりますし、おまけに、１つ１つの書類は、まさかＡ４一枚紙ではありません。

私の経験した事案でいえば、とある知能犯事件で、『通帳だけを見れば犯人も犯行もまず明らか』という事件の証明に、手押しの台車・２台山積み分の捜査書類を作成しました（むろん、１人でやったのではありません。ですが、内偵段階では5～10人を投入するのがやっとでした）。このように、犯罪と犯人を証明するというのは、まさか通帳のコピー1枚でできるものではない――むしろそれを入口に、膨大な証拠を山積みにしてゆかなければならないものなのです。そしてそのとき、お仕えしていた本部長（社長）が仕事にはとても厳しい方だったので、着手の決裁を受ける際（本部長指揮）、その台車2台分の書類を丸暗記し、自分たちの捜査につきどんな質問があっても答えられるようにしました（万が一のことを考え、控え室にその台車2台とベテランの係長を待機させていましたが、さいわい、助けを呼び込むような恥を掻《か》かずにすみました）。人を逮捕したり、罰したりするというのは、それだけ重いことです。それが捜査書類の物量にも現れます。

――さて、この、刑事が作成しなければならない『捜査書類』は、大きく2つに分かれます。1つは、役所仕事としてテンプレが決まっているもの。いま1つは、書式設定以外はほとんどフリーなものです。シンプルな例を挙げれば、『逮捕状請求書』『捜索差押許可状請求書』といった、お札ちょうだい的なものは、テンプレが決まっているものです。逆に、右の空き巣の例でもやたらと出てくる『捜査報告書』『供述調書（被害者調書・参考人調書・被疑者調書）』といった、ストーリー重視のものは、それこそ構成・プロットから組み上げなければなりません。

特殊な行政書士にして、特殊なルポライター

より具体的に、被疑者を逮捕する場面を想定しましょう。

刑事は、役人として、まず『逮捕状請求書』——テンプレが決まっているものの埋め方を、熟知していなければなりません。ここでは、どの欄にはどんな文体で何を書く、といったシキタリなりゼンレイなりを、スキルとして身に着けておかなければならないのです。読者の方も、役所で住民票の写しを請求したことがあると思いますが、ああいった『役所的な書式』には一定のカキカタがあり、刑事はそれをスラスラと、できればあんちょこなしで、書き下せなければなりません。これは、ルーティンワークがキチンとできるスキル。

しかし、では逮捕した被疑者から、いよいよ本格的に話を聞く——調書を巻くとなると、そこにはまさか、住民票の写しを請求するような書式はありません。あるのは罫線《けいせん》だけです。すると今度は、犯罪を立証するために『何を』『どのように』訊かなければならないか、そして『何を』『どのように』書面に落とさなければならないか、あたかも作家のように、自分で組み上げてゆかなければなりません。これは、硬く言えば企画

立案がキチンとできるスキル。

まとめると、書類仕事について刑事に求められるスキルは、『ルーティンワークのスキル』と『企画立案のスキル』のいずれもです（役人と職人の二面性）。

取調べ官が刑事の花形であるのは、このためです。というのも、取調べ官こそ、無記入の罫線に、自分の企画立案で、被疑者の物語を綴《つづ》ってゆく職人――達人だからです。

といって、ルーティンワークにミスがあれば、そもそも企画立案ができる仕事までたどりつけません（逮捕ができない、ガサができない）。ゆえに、刑事ギルドは、刑事の見習いに、令状請求準備など、書式のカキカタ、書式のゼンレイを叩き込みます（「これくらいできるだろう、やってみろ」「この部分はできるだろう、やってみろ」「ここの欄は埋められるだろう、やってみろ」「この添付書類は作れるな、やってみろ」）。そして、役人としてのスキルを鍛えつつ、次第に職人としての、企画立案のスキル育成に移行します。いきなり被疑者取調べはできませんので、参考人の取調べ・被害者の取調べ（これも書式は罫線だけです）。あるいは、基本『見たまま・聞いたまま』（五感で感じたまま）を書いてゆく、実況見分調書を作ってみること。あるいは、フリーなレポートと言ってもいい、捜査報告書を作ってみること（これも書式は罫線だけ）……

書式のカキカタを諳《そら》んじ（役人スキル）、また、事実上フリー書式である罫線を埋められるようになれば（職人スキル）、いよいよ被疑者調べも自信を持ってできるでしょう。もちろん、これらのスキルは徒弟制度の中で鍛えられてゆくもの。ですから、見習いの刑事は、まずは積極的に書式を埋める役割を志願しつつ（役人スキル）、それが先輩刑事の書類と合体したときどんな意味を持つのかを知り（職人スキルの覗《のぞ》き見）、やがて先輩刑事の過去の遺産を徹底的に読み込みながら（同、書庫に一杯ある）、フリー書式を見よう見まねで打ってゆく――もちろん、上官の決裁でスキルの修正を迫られる局面もあるでしょうし、あるいは、先輩刑事の調書等を読んで感銘を受け、自らスキルを修正してゆく局面もあるでしょう（「○○巡査部長は俺の書類の師だ」という趣旨の言葉は、刑事ギルドで実によく聞かれます）。

――ここで、よく、部外の方に、「刑事の仕事術というのはあるのか？」「刑事はいそがしいのに、どうやって書類仕事をこなしているのか？」と問われることがありますが、まず後者は認識が誤りです。書類仕事そのものが刑事の仕事で、刑事のいそがしさというのは書類から来るものなのです（もちろん、無から書類は作れません。その意味で書類が全てではありません。それは次の項ですぐ述べます）。

そして前者の仕事術について言えば、それは既に述べた『役人スキル』と『職人スキル』をどれだけ修得しているかの問題です。喩《たと》えて言うなら、極めて特殊な行政書士としてのスキルを積んでいるかどうかと、極めて特殊なルポライターとしてのスキルを積んでいるかどうかです。そしてそれは、無数の模倣と、無数の入力（先輩の遺産等）、そしてできるかぎりの実戦経験によって、研鑽《けんさん》されるものです。

すると、『刑事の仕事術』というのは、まずは愚直に書類仕事ができるように努力すること――と言ってしまってよいのではないかと思います。

そしてそれは、弁護士でも医師でも、およそ職人ならば、一緒ではないでしょうか？弁護士の仕事術一般、医師の仕事術一般を語るのは、意味がありません。この人たちは、そういう意味での仕事ができて当然で（一定のギルド的スキルがあるのが当然。さもなくば食いっぱぐれる）、それを様々な実戦の局面に当てはめてゆく職人だからです。刑事もまさに、そういう職人です。

もし、『刑事の仕事術』なるものが観念できるとすれば、それは、一定のギルド的スキルを当然の前提とした、具体的あてはめの『タイプの違い』ではないでしょうか。ゆえに、『鬼の誰それ』『ホトケの何さん』という綽名《あだな》がつくようになる（誰それも何さんも、書類仕事はできて当然）。

　戦国武将でもそうですが、戦えるスキルはあるのが前提で、あとは猛将型なのか、知将型なのか、本能型なのかといった、『タイプの違い』になる。そこで初めて、極めて個別具体的な『哲学』『倫理』『道徳』『構え』『道《どう》』『術』が出てくる。そう、術が出てくるのは、まずは愚直に書類仕事ができるようになってから。そしてそれは、生半可な経験・覚悟では、言葉にできないものだと思います（ゆえに例えば、『取調べのマニュアル化』＝『取調べ術の標準化』は、実際に試みられてもいるのですが、理論的にも実際的にも不可能でしょう。それはきっと、書類仕事とは違う次元にある何かで、おいそれと言語化できるものではありません）。だから私などには書けません。まして警察本によくある、『嘘の見抜き方』『情報の取り方』『人の見極め方』といったなんちゃってスキルは、『人は嘘を吐くとき右上を見る』といった通俗心理学レベルのたわごとだと思います（ちなみに右上云々《うんぬん》は大嘘です。またちなみに、『人が話すとき、外見と喋《しゃべ》り方だけで93％の印象が形成される』というのも大嘘）。

書類にはネタが必要

さて、その書類作成――捜査書類の作成そのものが、一般社会でいう『捜査』です。しかし、『捜査』はもちろんそれだけではありません。そもそも、何も無いところから書類は作れません。

ですので、書類に落とすための、客観的事実なり証言なりが必要になる。ネタが必要になる。それは、『調べてみたらこうでした』という捜査報告書を作るときでもそうですし、『話を聴いてみたらこうでした』という供述調書を作るときでも、はたまた、『観察してみたらこうでした』という実況見分調書を作るときでもそうです。こうした、犯罪を立証するための……裁判所でプレゼンするための証拠を集める。書類に落とすためのネタを仕入れてくる。この、いってみれば情報収集も（それが具体的には、ドラマ的な聞き込みとか事情聴取とか張り込みとか尾行とかになるわけですが）、ズバリ捜査です。

そして、情報収集が進んでくると、壁に当たる。すなわち「これ以上は普通のやり方で情報収集していても何も獲られない」という段階になる。それは、「あそこにカチコミかけて、有無を言わさずブツを確保せにゃならん」という段階かも知れませんし、

「外堀は埋め尽くしたんで、有無を言わさず被疑者に歌ってもらわにゃならん」という段階かも知れません。すると、これまた書類仕事が必要です。前者のケースであれば、先の説明と重複しますが、捜索差押許可状（いわゆるガサ札）が必要ですし、後者のケースであれば、もちろん逮捕状が必要です。それらは裁判官が出してくれるものですから、これまたプレゼンとネゴが必要になる。この、お札を獲ってくる仕事も、ズバリ捜査です。お札を獲って行う捜査は、有無を言わさない捜査なので、『強制捜査』になります。

ブツが確保されれば、その解析。被疑者が確保されれば、その取調べ。これも捜査。被疑者を逮捕してくれば、キツい納期が設定されてしまうのは、先述のとおりです。やがて、こうした物証・人証が出揃《でそろ》い、刑事太郎さんが「よし、公判で勝てる」「有罪判決が出る」と、プレゼン／コンペでの勝利を確信すれば、まず検察官を説得する。検察官はコンペで負けると大変なので、刑事太郎さんをギリギリ詰める。刑事太郎さんは、「まったく、あの検事は細かいことをネチネチと……」「自分が死体視るわけでもあるまいに……」「インテリ風吹かせて高飛車な……」なんてことを（相手の検事さんによっては）思うかも知れませんが、しかし刑事太郎さんには公判でバトルをする権利がありませんので、懸命に検察官からの宿題をこなし、どうにか納得してもらう。納得した検察官は、いよいよ被疑者を起訴する。やっと裁判所での、弁護士とのコンペ開始です（刑事裁判）。ここからは検察官－弁護人－裁判所のトライアングルで、刑事太郎さんの言い分が正しかったかどうか、時にサラリと、時に微《び》に入《い》り細《さい》を穿《うが》ち、ジャッジされることになる。なお検察官は、ある意味、刑事太郎さんより負けたくない事情があるので（担当事件で無罪事件なんか出したら大事《おおごと》です）、起訴の後でも刑事太郎さんに補充の宿題を出したりします。ひょっとしたら、公判廷に直接刑事太郎さんを呼びつけて、「君が作成したこの書類について、口でも証言しなさい。質問にも答えなさい」なんて、コンペ会場での駄目押しを、企画するかも知れません。

そんなこんなで、最初の地方裁判所で、有罪か無罪かがジャッジされる。まさに白か黒か。刑事太郎さんは極論、それのみを目指して――もちろん黒のみを目指して――仕事をしている（悪意があるのではなく、いわば法律が予定しているゲームのプレイヤーとして当然の役割です。というか黒だと思うからこそ、懸命に捜査をし、起訴を求めるのです。また刑事太郎さんは、検察官以上に、犯罪被害者の『代理人』『同盟者』でもあります）。

——ここで、オール・オア・ナッシング・パラダイムと正義パラダイムを思い出してください。仕事は結果がすべてですから、そして有罪か無罪かは正義にかかわりますから、刑事太郎さんのこれらのパラダイムは、日々の仕事を通じてますます強化されます。

これが交番部門の警察太郎さんなら、極論、終局処理のころには事件を取り扱ったことすら忘れているかも知れません。初動担当ゆえ、結果に目が行きにくいからです。他方で刑事太郎さんは、ドラマの熱血刑事そのままに、正義の実現と黒か白かを——すなわちオール・オア・ナッシング・パラダイムと正義パラダイムを、強烈に意識し、強化してゆくことになります。

刑事一家の構成員——ファミリーの面々

では、生安太郎さんのときに倣《なら》って、刑事太郎さんが取り扱う仕事の中身を、もう少し細分化したいと思います。すなわち、右で見た公約数としての刑事太郎さんに上書きされる、『刑事ジャンルごとの特徴』を見てゆきましょう。

ゆえにここで、刑事太郎さんの人格を分裂させ、強行一郎、知能二郎、盗犯三郎、組対四郎を登場させます。すべてが刑事太郎さんですが、何を担当し、それがどれくらい長いかによって、性格傾向などに、時として大きな違いが出てきます。

強行一郎

まず、刑事太郎さんが、強行畑《キョウコウ》で長く過ごすと強行一郎さんになります。強行畑の刑事は、強行犯――凶悪犯や粗暴犯――を取り扱うのがミッション。具体的には殺人、放火、傷害、強盗、強制性交、強制わいせつ等の担当さんで、セクションとしては『捜査一課』（警察本部）『刑事一課』（警察署）系統になります。

強行一郎さんの仕事は、先述の、発生モノ対応です。それも凶悪犯・粗暴犯対応ですから、ちぎってはは投げちぎってはは投げ、切った張ったの、戦場のような日々を送ります。ドラマに出てくる、殺人の捜査本部のメインとなるのは、この強行一郎さんです。市民がいちばんイメージしやすい『悪』に、二四時間三六五日、さらされる人です。というのも、発生モノがないときでさえ、既に発生した無数の強行犯の捜査に追われていますから。まして発生モノには、殺人のみならず、人質立てこもり、誘拐などという、殺人的な仕事すら待っています……

知能二郎

他方で、知能二郎さんの仕事は、どちらかといえば内偵モノ対応です。というのも、知能二郎さんのミッションは、その名のとおり知能犯ですから。具体的には、汚職《サンズイ》（贈収賄など）、公職選挙法違反、政治資金関係の犯罪、金融犯罪、はたまた詐欺、背任、横領などを担当します。セクションとしては『捜査二課』『刑事二課』系統になります。

捜査二課系統が扱う知能犯は、殺人、強盗のように、一一〇番がいきなり入ってくるものではありません。贈収賄をイメージしてください。悪代官も、越後屋も、山吹色のお菓子をやりとりしたことについて、まさか警察に喋ろうとは思わないでしょう。政治資金関係の犯罪も一緒です。金融犯罪、詐欺、背任、横領などなどについても、突発的にバタバタ対処するというよりは、風評、内部告発、情報提供者からの情報、内偵結果などに基づき、その真偽と有罪になる可能性とを見極めつつ、極秘裏に捜査してゆく感じの犯罪です。

そして内偵モノということは、先の、生安太郎さんの事件処理パターンと似ているということ（例えば賭博、管理売春）。まして、会計だの経理だの帳簿だの、資金の流れだの、税金関係だの、会社法が規定する諸々のシステムだの、選挙違反の絡繰《からく》りだの……極めて高度な専門知識が必要とされます。生安太郎さんの守備範囲より、狭くはありますが深いかも知れません。そんなわけで、知能二郎さんは、キリッとした眼鏡を掛けた、銀行員風のインテリでしょうね（イメージです）。会計士や簿記の資格をとっていてもおかしくありません。すると知能二郎さんは、強行一郎さんとはまた違った性格傾向を持つことになります。情報収集においても、その解析においても、はたまた内偵においても、ド派手な強行一郎さんと異なり、隠微さ・緻密さ・慎重さが求められますので。実際、二課関係は、警備公安と並んで秘密主義の徹底したところ。警察部内においても、はたまた刑事部門においても、秘密のヴェールに閉ざされているところです。また、強行太郎さんが政治どころか新聞にも興味がない半面、知能二郎さんは、政治に関心を持たざるを得ませんし（贈収賄・選挙違反を想起してください）、日経新聞や経済誌、あるいは業界紙も読むでしょう。会社法の専門書は、もちろん買っています。

盗犯三郎

次に、盗犯《とうはん》三郎さんです。盗犯畑の刑事は、ズバリ窃盗を取り扱うのがミッション。具体的には、刑法で言えば窃盗罪ですが、それは侵入盗（空き巣・忍込み・居空《いあ》き）、自動車盗、自転車盗、オートバイ盗、万引き、車上狙い、置引き、ひったくり、すり、自販機狙い、色情《しきじょう》狙い等々と、様々な手口をとります。この盗犯畑の刑事は、セクションとしては『捜査三課』（警察本部）系統に属します。また、大きな警察署であれば『刑事三課』というものがあるのかも知れませんが、私が勤務した大規模署では、それは『刑事一課』に吸収されていました（刑事一課盗犯係）。

「なんだ、捜査三課というのは窃盗だけか、やけに狭いな」……と思われるかも知れません。しかし平成28年の数字でいうと、全刑法犯のうち、窃盗犯の割合は実に73％。これは平成27年でも一緒です。イメージとしては、盗犯三郎は、被害の大小はともかくとして、刑事が扱う犯罪の4分の3を担当しているのです。盗犯が独立したジャンル・畑となるのも自然です。

そして、担当するのが窃盗ですから、知能二郎さんの場合と違って、大抵は被害届が出ます。空き巣でもすりでもひったくりでもそうでしょう。とすると、盗犯三郎さんの仕事は、発生モノ対応という性質を持ちます。しかしながら、ひったくりを緊急配備で検挙できたり、すりを執念の捜査で現行犯逮捕できたといったケースを除けば、犯人はとっくにトンズラしていることでしょう（例えば空き巣のイメージ）。ゆえに、被疑者を割り出し、その追及捜査をしなければなりません。ここで、平成27年の数字によれば、窃盗の犯人がまた窃盗をする確率（窃盗の再犯率）は約20％。すなわち、5人に1人が窃盗を繰り返します。そして窃盗の犯人の場合、右でいう手口や（窃盗の中のジャンル）、一般的にいう手口を（どういう忍び込み方をするかとか、家の中で何をするかとか）変えない傾向があるので、いわばあちこちで、同一手口の発生モノが見られることになる――

こうなると、盗犯三郎さんは、情報を入手し、分析し、未来予測を立て、戦術を組み、あたかも内偵モノのように、犯人をハンティングすることになる。多発する発生モノについて、コツコツと執念の追及をし、ハンティングをするのが、盗犯三郎さんの仕事の醍醐味《だいごみ》です。そうすると、その性格傾向は、強行一郎さんのように切った張ったの渡世《とせい》人《にん》のそれでもなければ、知能二郎さんのように帳簿を解析するインテリ眼鏡のそれでもなくなる。実際のキャラは様々ですが、盗犯三郎さんというステレオタイプとしては、温和で、どちらかといえば寡黙《かもく》で、コツコツ型の優しいおじいちゃん、でしょうか。といって、ズズズとお茶を啜《すす》っているその頭で、恐ろしいハンティング計画を練っていたりします。

組対四郎

刑事太郎さんの分裂した人格の最後に、組対《ソタイ》四郎さんがいます。刑事太郎さんが組対畑で長く育つと、この組対四郎になります。かつては、暴力四郎という名前でした。かつての名前どおり、いわゆる暴対――マル暴さん対策がミッションです。セクションとしては、『捜査四課』あるいは『組織犯罪対策第○課』（警察本部）系統。警察署であれば、『刑事二課』がその仕事を請《う》け負《お》っていることが多いです。

ここで、強行一郎さんは強行犯、知能二郎さんは知能犯、盗犯三郎さんは盗犯を取り扱うのがミッションでしたね。ところが、組対四郎さんだけは、こうした『罪の名前』で仕事を切り分けられてはいません。組対四郎さんだけ、『対象』に着目した仕事の切り分け方をされています。言い換えれば、組対四郎さんは、「この犯罪だけをやればいい」という人ではなく、「対象がやる犯罪ならば何でも引き受ける」という人です。だから例えば、本来は強行一郎さんのやるべき傷害であっても、暴力団がやらかしたとなると、たちまち組対四郎さんの出番となる。実は、もっといえば、生安太郎さんがやるべき違法風俗であっても、これを暴力団がやらかしたとなると、これまた組対四郎さんの出番――このように、『対象割り』で仕事を受け持つと、守備範囲が他の専務と錯綜《さくそう》します。これは後述する、警備太郎さんについても一緒のことが言えます。

いずれにせよ、組対四郎さんは暴力団の専門家。暴力団に関係するあらゆる犯罪、あらゆるドンパチの矢面に立ちます。ゆえにある意味、強行太郎さんより切った張ったの世界になりますし、強行太郎さんよりリスクを負います。というのも、傷害だの脅迫だの強要だのを犯した者が強行太郎さんを襲撃する理由はまずありませんが、それらを犯した暴力団員が組対四郎さんを襲撃することは、十分にあり得るからです。そもそも組対四郎さんは、犯罪結社である暴力団にマークされ、時に家族すら脅迫される立場です。

あと、『薬物・銃器犯罪の取締り』については、暴力団の取締り（少なくとも犯罪組織の取締り）に直結するという観点から、かつて生安太郎さんの仕事だったところ、組対四郎さんの仕事となりました。ゆえに、常識的で優等生的な生安太郎さん時代に比べ、最近のシャブのガサ等は果敢で豪快に――悪く言えばノリと勢いで荒っぽく――なったなんて評判もあるとか。加えて、組対四郎さんは、これまた暴力団対策と密接に関係するからでしょうか、来日外国人犯罪を担当していることがあります。とりわけ、外国マフィア。

このような職分から、組対四郎さんは、その性格傾向も外見も、「どっちがマル暴なんだ……？」なんて悩むほど敵方に近くなります。すなわち、仁義なき戦い系の任侠《にんきょう》の徒《と》か、インテリヤクザ。しかし任侠の徒だけあって、部内部外を問わず、義理人情に厚い。実際、暴力団と戦うだけでなく、暴力団から不当なことをされている人々を守るのも、組対四郎さんの大事なミッションです。

――以上、刑事太郎さんの分裂した４の人格について概観しました。

刑事太郎のマインド――警察太郎との差分

最後に、恒例ですが、刑事太郎さんのマインドについて見てみましょう。

Ａ　ガキ大将マインド

とにかく、刑事がいちばん。警察は刑事でもっている。主役は刑事だ。捜査といえば刑事である。強行なら俺だ。知能なら私でしょう。盗犯ならまあ儂《わし》かな。おどれら暴力知っとるんか……このように、刑事そのものについても、刑事である自分についても、圧倒的な誇りと自負を持っています。

実際、刑法犯の捜査というのは、一般の大学ですら『刑法』『刑事訴訟法』という授業があるように（『生活安全』『特別法犯』なんて授業はありませんよね）、犯罪捜査の基本、イロハのイです。市民に身近な犯罪といえば、自転車盗、空き巣といった窃盗だったり、痴漢といった強制わいせつだったりしますし。あるいは例えば、『捜査本部』といえば殺人だ——と思われる読者の方も、おられるのではないでしょうか（実際はどんな罪についてでも立ちうる）。このように、一般社会のイメージすら、捜査といえば刑事。まして実際に捜査をやっている刑事自身が、強烈なプライドと責任感を持たないはずがありません。

もう少し、具体的に述べれば——

まず刑事太郎さんは、刑事という専務について、ガキ大将意識を持っています。すなわち、「生安・交通・警備よりも、刑事は格上」「他の専務の基本になるのが刑事」「捜査も知らないのにゴチャゴチャ言うな」といった意識です。もちろん捜査は、他の全ての専務もやるのですが、なるほどいちばん犯罪捜査の仕事の割合が多いのは刑事太郎さんですし（行政仕事がほとんどない）、どんな巡査であっても、いちばん長く修習をする専務は、学校プログラム上、刑事です。また、「特別法犯について、法令の解釈を知りたい」というなら生安太郎さんをセンセイとするでしょうが、それ以前の基礎――すなわち捜査書類の書き方であるとか、あるいはどんな書類が必要なのかとか、それをどんな組立てで一件書類にまとめあげてゆくかとか、そうした、あらゆる捜査の基盤となることについては、刑事太郎さんが警察全体の師匠でしょう。また現場の実態論として、建制順《ケンセイジュン》にかかわりなく、刑事がより高位と位置付けられる傾向もあります。すなわち、建制順では生安が一番手になりますが、現場の叩き上げが最終勝者として狙えるのは、刑事部長のポストだったりします。中小の県警察だと、最後に刑事部長に就任すれば、「ああ、あの人は位人臣《くらいじんしん》を極めたなあ」ということになります。

こうした、刑事という専務についてのプライドが、まず大きい。

そしてこれは、刑事ひとりひとりについても、当てはまります。

具体的には、「この分野なら俺がいちばんだ」「この係は俺でもっている」等々の、他の刑事より自分は優れた刑事であるという、ガキ大将意識をも持っているのです。というのも、刑事は究極のところ、職人ですから。それは、事件をまとめあげる職人であり、捜査書類をまとめあげる職人です。なるほど、ガサを打つとか、尾行・張り込みをするとか、死体見分をするとか、荒れることが予想される逮捕に向かうといった、チームプレイはもちろんします。というか、それらの局面では、職人独りでは何もできません。しかし、それは極論、「今度このガサを打つから、誰々チャンと誰々選手、手伝ってくれや」「ハイ解りました」「合点承知《がってんしょうち》」といった、極めてアド・ホックな――その場その場の――同盟であり、それすら、日頃の人間関係が悪ければ、嫌がられたりネグられたりします。だから、もっといえば、それは、『職人1人が描いた絵図のピースを埋めるための、臨時同盟』です。

――捜査本部事件を除けば、あるいは警察本部の班が手掛ける事件を除けば、1つの事件に責任を持つのは、1人の警部補か、1人の巡査部長です（市民が具体的に接触する、いわゆる『担当さん』）。ゆえに、刑事太郎さんも、署の縄張りで発生した窃盗なり詐欺なり強制わいせつなり脅迫なり傷害なりを、『担当』として、1人で、幾つも幾つも抱えています。それは、刑事太郎さんの同僚も一緒です。言い換えれば、刑事太郎さんに割り当てられた事件は、刑事太郎さんの責任と判断でまとめ上げなければならないのです。だから、職人なのです。

　職人として、「事件になるのかならないのか?」を判断する（ここで、オール・オア・ナッシング・パラダイムに影響される）。「事件になるとして、どういう組立てが必要なんだ?」を判断する（正義パラダイムがモチベーションになる）。そして、自分で埋められるピースは自分で埋めてしまう。チームプレイが必要なときは、人間関係で頼む。必要なピースが埋まったら、逮捕をしたり、任意で呼び出したりして、取調べ。これも（補助官を除けば）1人。もちろん役人なので、要所要所で上官の決裁を受ける必要はありますし（例えば逮捕状は警部以上しかとれません）、検事がウンと言ってくれなければ起訴にならず捜査はおじゃんになりますが、それらはまさか『相棒』でも『バディ』でもありません。要は、刑事は最後は1人です。

　こうなると、「俺がやらなきゃいけない」「誰も責任をとっちゃくれない」となり、いざ起訴となれば「俺がまとめ上げた」「俺が絵図を描いた」「俺が被疑者を落とした」「俺が課長を黙らせた」「俺が検事の小僧を叱《しか》った」ということにもなる。

　このようなかたちで、刑事太郎さんは、『刑事という専務である誇り』と、『刑事の中の刑事である誇り』を、高めてゆきます。保守本流ですね。ゆえに、職人の性《さが》が悪い方向へゆけば、他の専務を小バカにしたり、他の刑事を不当に低く評価したり、管理職をガン無視したりするでしょう。ただ、職人の性が良い方向へゆけば、自分のノウハウを後進に伝えようとしたり、捜査に不慣れな部門を進んで助けたり、積極的にチームプレイの調整をしたり、他の刑事が抱え込んで悩んでいる事件を引き受けてあげたりと、親分肌なところを見せるでしょう。気に入った者、立ててくれる者への仁義は、厚い。要は、ガキ大将には悪い面もあれば良い面もあるということです。

B　早寝早飯早グソマインド

刑事は直截《ちょくせつ》です。言葉の意味どおり、①チンタラするのが嫌いで、②回りくどいのも嫌いです。Bではまず、①の、チンタラするのが嫌いなマインドについて説明します。

発生モノは時を選びませんし、刑事訴訟法は厳格なタイムリミットを規定しています。内偵モノであっても、チンタラしていたら証拠は隠滅され、被疑者は高飛びするでしょう。「今できることは、今やる」のが大原則です。

これは、警察太郎さんの性格傾向でもありますが、刑事太郎ではいっそう顕著になります。というのも、刑事太郎さんは、１人で終局処理をする職人だからです。交番にいる警察太郎さんの場合、「俺は初動だけだ」「俺はこの24時間だけだ」「交番はチームだ」「あとは専務の仕事だ」という意識がありますので、極論、超公務員根性を発揮して、今できることすら回避するのも可能です。自分で終局処理をしないからです。しかし、刑事太郎さんは絶対にそうはゆきません。どうサボタージュしたところで、最後は自分のところに回ってきて、その責任は自分１人が負うからです。他に助けてくれる人はいません。24時間で、勤務がリセットされるわけでもありません。

　どのみち自分がやらなければならないのなら、できるタスクからどんどん処理してしまうのが合理的でしょう。ゆえに、もし警察署の刑事がせっせかデスクワークをしているとしたら、それは、担当している事件のシンプルなピースから埋めている姿です（捜査報告書であったり、実況見分調書であったり、写真撮影報告書であったり、諸々の照会文書であったり、参考人調書のチェックであったり）。後にチームプレイを頼むにしても、アタリマエの基礎捜査が終わっていなければ、刑事のイロハが解っていない奴だと小バカにされてしまいますので——

――時々、警察不祥事の報道で、「○○県警△△署刑事課の××巡査長は、某年某月からおよそ2年間、捜査書類を自分の机に隠していました。この巡査長が異動になった際、県警の調査で発覚したということです」みたいな話が流れますが（それも定期的に）、読者の方はこんなニュースに接したとき、「何でそんなアホなことをするんだろう？」「意味が解らない」と思われるかも知れません。ゆえに意味を解説しますと、この巡査長刑事は、アタリマエの基礎捜査をネグっていたのです。例えば、窃盗の実況見分調書を作成していなかったり、そもそも現場で被害箇所の図面を引いてなかったり、傷害の関係者から事情聴取するのをサボっていたり……そして刑事は1人で仕事をする職人＝『担当さん』ですから、この巡査長刑事が基礎捜査をネグると、当然、この巡査長刑事が担当している全ての事件捜査はストップします。しかし、例えば空き巣でも傷害でも、事件には被害者がいます。被害者は被害届を出しますし、被害者調書を作成されもします。だから当然、警察からずっと連絡がなければ、「かなり経つけど、私の事件はどうなったんだろう……担当の××巡査長さん、キチンと捜査してくれているのかな？」といった疑問を感じます。でも担当の巡査長刑事は事件をネグっていますから、問い合わせがなければ黙って逃げおおせようとしますし、問い合わせがあれば「ああでもない、こうでもない」で逃げおおせようとします。そして一般の方は、もちろん刑事事件の処理のタイミングとか所要時間とかは分かりませんので、深く追及はできない。そのあいだに、この巡査長刑事の机には、『今やらなければならない』ピースが全く欠けた、いってみれば捜査書類の『ラフ』なり『スケルトン』なりが、どんどん、どんどん貯《た》まってゆく。貯まれば貯まるほど首が絞まってゆくのは、夏休みの宿題と一緒です。やがて人事異動の際、机の整理をしているときに同僚にバレるか、無事異動先に逃げ終えても、被害者からの問い合わせでバレる……結果、懲戒処分。免職にならなくとも、退職は確定です。監督責任なら別論、ナマの懲戒処分を受けた警察官は実際上、警察で生きてゆくことを許されないからです。

——このように、刑事太郎さんが『今やらなければならないこと』は無数にあり、だからこそ、何事もチンタラしない、早寝早飯早グソマインドが形成されます。それは、刑事太郎さんの例えば書類仕事だけでなく、例えば現場に飛び出してゆく速さとか、事件になるかならないかを判断する速さとか、自殺か他殺かを見極める速さとか、同一手口かどうかを識別する速さとか、必要な決裁をもぎとってくる速さとか、令状をゲットしてくる速さとか、とかく様々な局面で発揮されます。

しかも、このマインドは他の刑事・他の警察官を見るときにも発揮されますので、刑事の愚痴というのは（先のG巡査部長ではありませんが）「チンタラしやがって……」「口だけなら誰でもできる」「アイツは吹くばっかりだ」「イザってときにはトンズラしやがる」「あんなものに何日掛けてんだ」といったものが多くなり、また「地域《チイキ》はホント何にもしねえ」「もう交番閉めてやがるのか」「こんな書類ができないからいつまでも地域なんだよ」といった、警察太郎さんからすればムカッとくるものも多くなる。もっとも、刑事に掛かる重圧というのは、現場にゆけばゆくほど大きくなるので（警察本部ではもっとチームで仕事をする）、他者の評価が厳しくなるのは、やむを得ないことかも知れません。

C　歯に衣着《きぬ》せぬマインド

『刑事は直截《ちょくせつ》』の意味の②、回りくどいことが嫌いなマインドです。

……いちばん解りやすい例は、「事件になるかならないか？」問題。

刑事太郎さんは、刑法犯の捜査をするのが仕事ですが、その目的は要は『悪い奴を確実に有罪にする』ことです。それが刑事太郎さんの正義です。そして刑事は１人の職人ですから、それを判断するのは究極のところ、刑事太郎さんだけです。というのも、例えば傷害を考えたとき、まず被害者が警察署に被害を訴え出る。傷害ですから、刑事太郎さんの出番。だから刑事太郎さんは、署の刑事課の、応接室とかちょっとした調べ室とかで、１人で被害者に相対し、被害者の物語を聞くでしょう。もちろん最初は、しっかりメモをとりながら。

ですが……刑事太郎さんの仕事は、飽くまで『悪い奴を有罪にする』ことです。そこには犯人が必要ですし、何より犯罪が必要です。裏から言うと、被害者がほんとうに被害者かどうかが問題になります。そこに犯罪がなかったのなら、その人は被害者ではありません。純然たる赤の他人です。そして刑事太郎さんは刑法のエキスパートですから、ものの10分も話を聞けば、「うん、また1件、仕事が増えたな」「この話だと、まず今日これだけやって、明日あれをやって、今週中にこれをして……」と職人回路を動かし始めるでしょう――それが事件であるのなら。しかし、このスピーディな職人回路が「なんだ、またこの手のゴタゴタか」「こりゃどう考えても、条文に引っ掛けるのは無理だな」と判断してしまうと、もう、そこで刑事太郎さんの思考は止まってしまいます。そして、歯に衣着せず、眼の前の人にアッサリ言うでしょう――「残念だけど、これは事件になりません」。

……この判断自体に途惑《とまど》う警察太郎さんと比べれば、誠実です。しかし、とにかく何でも屋としていろいろやってみようという生安太郎さんと比べれば、単刀直入で拙速《せっそく》です。こうもハッキリ否定され、「ハイそうですかスミマセン」と帰宅する人はいないでしょう。また、生安太郎さんなら、どうして事件にできないのか、あるいは自分がどれくらいの検討をしたか、六法なり書籍なりを持ち出して、懇切丁寧《こんせつていねい》に説明するかも知れません。顧客対応としては、そちらの方が実は低コストですから。しかし刑事太郎さんは、単純明快な人ですので、「世の中はできるかできないかだ」「事件になるかならないかだ」と割り切っています（オール・オア・ナッシング・パラダイム）。そして、専務の中でも強烈なプライドを持つ刑事として、自分の判断に自信を持っています（少なくとも、その案件を回避しても自分に責任は生じないとの判断に、自信を持っています）。するると、「駄目なものは駄目」「どれだけ話を聞いたところで白は黒くならない」との考えから、内容的にはズバリと繰り返すだけです――「これは事件になりません」。

時として、この判断が初《しょ》っ端《ぱな》から間違っていて、ド派手な警察不祥事になるのは、読者の方も御承知のとおりです。しかし、その判断を自信を持ってやってしまうのが職人性の現れですし、その判断をものの５分10分でやってしまうのが早寝早飯早グソマインドの現れ。

ここでもし、被害を訴え出た人が、ちょっとでも食って掛かったり、厳しく反論しようものなら、先の敵味方マインドがこれまた迅速に発動され、だんだん、刑事太郎さんの口調もえげつなくなる。「だから無理なものは無理なんだって」「アンタだって悪いだろう」「警察は何でも屋じゃない」「いやこれ以上話すことはないから」「警察本部でも監察でも行けばいいだろう」「アンタみたいなのをクレーマーって言うの」。これまた、とりわけ最近、ＤＶ・ストーカー関係の相談事案で痛い目を経験している生安太郎さんなら、絶対に言わないような余計なことを、素直に喋る。事によると、口汚く喋る。

――基本、刑事太郎さんは正直で、素直で、単刀直入で、だから口が悪いです。もちろん、それは人が悪いことを意味しません。回りくどいのが嫌いなので、言葉にも態度にも地を出すのです。むしろ飾らない分、生安・交通・警備よりよほど人がよいかも知れません。ただそれは、往々にして、ビジネスのコストを上げ、リスクを呼びます。

また歯に衣着せないのは、部外者に対してのみならず、部内においてもそうです。警察太郎さんや、同僚刑事にどんな陰口を叩くかはさっき例示しました。その相手がもし生安太郎さんなら「あれこれ法律の講釈《こうしゃく》垂れやがって、お前がどれだけ修羅場《しゅらば》くぐってんだよ」、相手が交通太郎さんなら「お前らみたいに身内の切符も切る外道があるか」、相手が警備太郎さんなら「事件をやるのが5年に1回とか、存在価値ねえんじゃねえの?」なんて陰口を、ハッキリ叩いていることでしょう。いえ、上官に対しても容赦ありません。警察署にデキない課長（警部以上）が来ようものなら、「俺も、昇任試験のお勉強ができるほど仕事サボりたいよな～」「アレにできるのは、夜食の牛丼の買い出しくらいだ」「ソウ、ソウ、フーンでいいなら俺も明日から警部だぜ」「鑑識しか知らねえから、地域より使えねえんだよ」みたいなことを、本人に聞こえようが聞こえまいが、喋ります（前述のM係長など）。上官を平然とちゃん付けしたり、嫌いな上官の命令はネグったり……

といって、歯に衣着せぬマインドには、良い面もあります。

例えば、ほとんど階級を意識しないこと。というのも、職人集団における価値は星の数ではなく、要は「デキるかデキないか」に尽きるからです。ですので、たとえ巡査部長であっても、時に警部・警視以上の影響力と発言力を持ちます。ベテランの優秀な巡査部長となると、刑事部屋の誰もが恐れる鬼軍曹か、隠然たるドンだったりします。刑事経験も、かなり長いでしょうし（職人集団で年季を長く積んだということは、たくさんの教え子もいれば、豊富な実戦経験・場数もあるということです。まさに下士官です）。

ここで、例えば警察太郎さんの交番でも、上下関係はあまりありませんでしたね。しかしそれは、『階級差がない』のと、『誰もが均質な仕事をしている』からです。刑事で階級が意識されないのは、それとはかなり違います。

すなわち刑事では、階級差は歴然としていますし、役割分担はありますし、上は警視正から下は巡査までいますが――しかし、誰もが階級のある警察官である以前に、刑事ギルドの職人です。ゆえに重ねて「デキるかデキないか」「いい刑事か、悪い刑事か」それだけが優劣の基準。そこに階級も職制も年齢も性別も関係ありません。

それゆえ、とりわけ警察署では、日頃のコミュニケーションも、事件検討も、あるいは上官の決裁をもらうときも、かなり直截《ちょくせつ》で、ざっくばらんなものになります（警察本部だとやや厳格になります。エリート集団ですし、チームプレイが主だからです）。

間違っていることは間違っていると言いますし、やりたくないことはやりたくないと言いますし、少なくともハッキリ反抗します。自分の方針があれば、戦ってでもそれを通そうとします。上官にも厳しいことを言いますし、そもそも上官を上官と認識していません（ハンコを押す人、机が大きい人くらいのイメージ）。これは、とかく「上《ウエ》がダメって言ってるんだから仕方ないよ……」となりがちな警察の中にあって、むしろ貴重な文化です（それが悪く転べば、下《シタ》かぎりの判断で「事件になりませんね」と片付ける／押し通すようなことになるのですが）。

後に述べるとおり、組織主義の権化《ごんげ》・警備部門ではとても考えられないような『フラットさ』『言論の自由』が、刑事の特徴です。

第３章　交通太郎――コミュ力の高い、生徒指導の先生

交通警察官のステレオタイプ――交通太郎

建制順でいうと、専務の三番手に来るのが、交通太郎さんです。ですので、ここで生安太郎・刑事太郎さんのように、勤務時間、勤務環境、階級、登用制度、キャリアプラン、仕事の内容、そしてマインドについて説明をすべきですが……

実は私にはそれができません。

私は交通という専務を、ほとんど知らないのです。

短いながらも４つの交番で勤務させていただいたとき、地域警察官として、切符を切ったり物件事故を処理したりしたことがあるだけ。私は警察庁では警備局と生安局が長く（刑事局のポストにいたこともあります）、都道府県では警備と刑事をやりましたが、交通だけは、警察庁でも都道府県でも経験したことがありません。私は交通を、ほとんど知りません。

ここで、私は、知らないはずのことをペラペラ吹きまくる警察コメンテーターの類《たぐい》が大嫌いです（1つの専務しか経験していない者が他の専務のことを深く知っているはずありませんし、1つの都道府県にしか勤務していない者が全国警察について知っているはずありませんし、例えば巡査部長・警部補で退官した者が警察組織全体について語れるはずもありません）。よって、私が古巣について語るときは、「知らないことは知らない」とハッキリ言うことにしています。書籍でも、エッセイでも、コメントでもインタビューでもそうです。

ゆえに重ねて、私は交通をほとんど知りませんので、交通太郎さんについて説明することができません。そうハッキリ書くのが、むしろ、この本の品質保証になると思います。

ただ、そうはいっても――

交通太郎さんだけ何にも触れない、というのは、かえって品質を落とす面もあります。

そこで、交通太郎さんについては、生安としての私・刑事としての私・警備としての私が職場で見聞きしたこと、あるいは職場で接した交通の人々から感じたことなどを、エッセイ調に、まとめてみたいと思います。

ちなみに、勤務スタイル等に関する基礎的なデータですが、それは、生安太郎さん・刑事太郎さんのケースと大きく変わりません。交番勤務をする警察太郎さんと違って、専務だからです。

制服勤務をする『内勤』

といって、もちろん交通太郎さんには、交通太郎さんなりの特色・差分があります。

まず、内勤《ナイキン》でありながら、制服勤務をするところ。これは警察署においても、警察本部においてもそうです。制服の警察官といえば、もちろん代表的なのは警察太郎さんたち外勤《ガイキン》の地域警察官ですが（全体の約40％）、何故か交通太郎さんだけは、たとえデスクワークでも、律儀に制服に着換えてやります。警察署の交通課の人々が制服で勤務するのは、まあ現場・最前線ですので理解できますが、警察本部でひたすら役所仕事をする人々も全員、日々制服で勤務します。ふつう、専務＝内勤といえば私服なのですが（刑事のイメージ）、交通太郎さんはその大きな例外です。「日々制服勤務だと、制ワイシャツ洗うのが大変だよなあ。持ち帰るのもリスクがあるもんなあ」と思います。まあ、現場だと出入りのクリーニング業者さんがいるのですが。ちなみに、この例外的制服勤務をする人々は、もう1種類います。総警務《ソウケイム》、と呼ばれる、企画・予算・人事・監察・広報・訟務・教養《キョウヨウ》などなどを仕事にする、管理部門の警察官です。ですので、例えば警察本部の廊下を制服でスタスタ歩いている警察官がいれば、それは交通太郎さんか、総警務の警察官のいずれかです。

3交替制勤務もあり得る『内勤』

さて勤務スタイル等のもう1つの例外は、3交替制勤務があること。専務＝内勤は、生安太郎さん・刑事太郎さんのように、超勤がどれだけあるかは別論、基本的には日勤の仕事をします。それは、おなじく専務である交通太郎さんもそうなのですが、とりわけ交通事故処理・事故捜査を担当する交通警察官は、最初から3交替制を命ぜられていることがあります。そうなると、交番の警察太郎さんや、刑事の機動捜査隊と一緒のスタイルですね。もちろん、全ての交通警察官が3交替制で勤務するわけではありません。だから、交通太郎さんが日勤制なのか3交替制なのかは、その担当する仕事の内容によります。

道交法のスペシャリスト――現場直結のセンセイ

あとは、思いつくままに、交通太郎さんの特徴を挙げると――

まず、警察部内では、生安太郎さんと並ぶ、法令のセンセイです。といって、「特別法犯なら生安!!」なんて言われてしまう生安太郎さんほど、守備範囲は広くありません。その守備範囲は、ズバリ道路交通法です。生安太郎さんが、見たことも聞いたこともないような法令を扱わなければならないのに比べ、交通太郎さんは、まさに御霊《みたま》である道交法のセンセイであればいい。

しかしこれは、生安太郎さんより仕事がカンタンであることを、全く意味しません。

というのも、道交法はそれだけで、一生を捧げても足りないような、ディープな専門の樹海を形成しているからです。お時間があれば、道交法を検索して、ザッと流し見してください。今現在、全一三二条で構成されていますが、だから例えば民法が一〇〇〇条以上で構成されているのに比べれば可愛いと思われるかも知れませんが（刑法でも二〇〇条を超える）、ここにはマジックがあります。

例えば、パッと目に付くのが『第百八条の三十二の二』なんて、狂気を感じさせるような枝番《えだばん》。これは改正、改正、改正で、上書き保存を重ねていった結果です（例えば、「第百八条の次に新しく第百九条を入れたいなあ」と思ったとき、そのままブチ込んでもいいのですが、そうすると、旧百九条は新百十条に、旧百十条は新百十一条に……と、ビリヤード現象ですべて条ズレしてしまう。すると、それまで馴染んでいた条文の番号もズレてしまう。これだと実務に支障があるので、この場合、新しく入れたい条文は『第百八条の二』と枝番にしてしまうわけです。これだとビリヤード現象は起きない）。

このような枝番が、道交法には幾つも幾つもありますし、とかく一条一条が長いので（何行にもわたっているので、素人だと、1つの条文を読み下すだけでもパニクる）、「全一三二条という見掛けの数より、滅茶苦茶に規定が多いんだろうなあ……」ということが分かりますし、どれだけ頻繁に改正されてきたかも分かれば、どれだけ新しく憶えなければならないことが多かったかも分かります。このように、道交法は、常にアップデートを繰り返すものであり、常に修正パッチが入るものであり、その増殖は減ることがない。

ゆえに、道交法は、交通太郎さん泣かせの法律です。現場で事故を処理するにしろ、交通を規制するにしろ、「私、新しい改正の内容知らないんで、古い奴でやりますわ」なんてこと絶対にできないですしね（市民に訴えられてしまいます）。

また道交法は、刑法といった「○○した者は、××に処する」なんてシンプルなスタイルをとる、取締り系の法律と大きく違っています。すなわち、交通太郎さんが交通安全のために何ができるか——といった、『交通太郎さんの権限』を、これまた微《び》に入《い》り細《さい》を穿《うが》ち、無数に規定しています。私には詳しく語れませんが、だからイメージでしか語れないのですが、どんなときに自動車を止められるのかとか、どんなときに免許証の提示を求めることができるのかとか、道路に邪魔なものが落ちていたら何ができるかとか、違法駐車に対して何ができるかとか……そもそも、有名な『道路使用許可』も道交法に基づくものですし、もっといえば、『運転免許』のシステムそのものも道交法に基づくものです。もちろん、『交通切符』のシステムもそう。

こうしたものは、刑法といった取締り系の法律ではなく、行政系の、規制系の法律です。『誰かに対し、何かができる』。『誰かのかくかくしかじかな行為を、禁じる』。『誰かがかくかくしかじかしたときは、何かを許可する』。これは、生安太郎さんが領分としている風営法、質屋営業法、古物営業法、警備業法、探偵業法と本質的には一緒です。

生安太郎さんは、『営業をしている誰か』を規制していて、交通太郎さんは、より広く『市民一般』を規制している。違いはそこだけです。

よって交通太郎さんは、生安太郎さんと並ぶ、法令のセンセイとなるわけです。しかも、生安太郎さんは、営業をしている誰かを――だから極論、警察を敵には回したくない誰かを――顧客にするわけですが、交通太郎さんの顧客は、あらゆる市民です。あらゆる市民に規制をかけ、あらゆる市民にその遵守を求め、違反があれば、あらゆる市民を取り締まらなければならない。まして先述のとおり、道交法はディープな樹海なので、実は交通太郎さんですら極め尽くしているわけではないのですが、それでもなお、市民との最前線に立たなければならない――

ゆえに、交通太郎さんの仕事は、極めてストレスフルです。おなじ法令のセンセイであっても、その顧客からして、また専門性の深さからして、生安太郎さんとはまた違ったストレスに悩みます。

交通太郎の犯罪捜査

なお、誤解があるといけないので付け加えると、交通太郎さんは、もちろん専務として犯罪捜査をします。刑事太郎さんは、刑法犯を。生安太郎さんは、割り切って言えば特別法犯を。そして交通太郎さんは、ズバリ道交法違反の罪を捜査します。

ですので、道交法違反の犯罪については、刑事太郎さんと一緒の、事件の組立仕事と、捜査書類仕事がたっぷりあるわけです。交通太郎さんは、道交法違反限定の刑事でもあります（限定と言ったところで、それはジャンルの話で、件数はデタラメに多いのですが）。

交通太郎のストレス――生活指導の先生として

先の、交通太郎さんが感じるストレスについて、もう少し見てゆきましょう。

まずは、読者の方もクッキリ想定できるように、『市民との最前線に立つストレス』があります。端的《たんてき》には、警察の嫌われ役……

法令のセンセイといっても、このセンセイは直接、自分自身で、街頭に出なければなりません。そして直接、自分自身で、法令を執行しなければなりません。喩《たと》えで言えば、『生活指導のセンセイ』ですね。

この点、生安太郎さんは、どちらかといえば大学教授なり大学院生なり――ハイソな

『法律屋』の面が強い。ノリとしては、「JKビジネスが蔓延してるから、こういうシステムを新たに組む必要があるよなあ」「真っ当な業界には、こういう制度を適用すべきだよなあ」「この規制は空振りに終わったから、今度はこんなデザインにしてみるか」等々。

それに対して、交通太郎さんは、「ごちゃごちゃ議論してる時間も体力もない」「やんなきゃいけないこと無数にあるから、こなすだけでも大変」「さっそく今日も、生活指導に出撃しなくちゃ」といった感じになる。

そして生活指導のセンセイですから、当然、生徒には嫌われる——正しいことをしていても。いえ、先生と生徒ならまだいいでしょう。交通太郎さんが顧客とするのは、上下関係のない市民です。最近ではむしろ、公務員を下に見る納税者さままです。そこに摩擦・反発が生じない方がおかしい。

実際、交通太郎さんが真っ先に憶えるべきスキルは、相対《あいたい》する市民を怒らせない話術と、相対する市民から投げられる罵声《ばせい》をスルーする忍耐力です。もちろん、交通太郎さんは「俺は正しいことをやっているのに、それが市民に嫌われる。まったく損な役割だ」と思うでしょう……

まあ、そこはプロの専務員ですし、お給料をもらってやっていることですから、実務を重ねるにつれ、メンタルも強くなってゆくでしょうが……でも、『頑張れば頑張るほど嫌われる率が高くなる』というのは、生安太郎さん・刑事太郎さんでは、ちょっと考えられない現象です。というのも、生安太郎さん・刑事太郎さんは、さっきの喩えで言えば、『被疑者の生活指導』をやるのであって、『市民の生活指導』をやるわけではないから。だから、『頑張れば頑張るほど、少なくとも被害者には喜ばれる』はずだから。

――このように、市民全員にとっての生活指導のセンセイであることが、交通太郎さんのストレスになります。

交通太郎のストレス――部内からの不満

次に、警察部内におけるストレスもあります。

カンタンなものから言えば、やはり嫌われること。市民全員にとって生活指導のセンセイであるということは、身内に対してもそうだということです。私の同僚だったK警視正（刑事ギルド員）などは、「俺は交通が大嫌いだ。同じ所で2度も切符切られた。薄汚い罠《わな》をはりやがって。違反者を生産してどうするんだ。違反しないようにするのが警察官の仕事だろ」と、なんだか、警察署に苦情を言いに乗りこんできた市民そのものの台詞を、飲み会の都度言っていました。刑事は直截です……まあ半ば持ちネタの冗談なのですが。

それに、昭和の昔、私も知らない『愚者の王国』時代なら別論、今の御時世で身内に情け容赦をかけるなど、交通太郎さんにとっても、例えばK警視正にとっても自殺行為です。だから、多くの警察官は、「ちっ、悔しいけどお務め御苦労さんだ」「やり口は許せないが、逆の立場だったら自分でもやる」といった心境で、素直に切符を切られるでしょう。しかし、それが恨みを買わないはずもありません。交通太郎さんも、因果な商売です。

また、駐車違反の関係でも、恨みとは言わないまでも、「交通が厳しいから厄介《やっかい》だよなあ……」と感じる局面があります。

例えば車両での張り込み、行動確認です。それぞれの専務はヨコの連携をとりませんので、例えば刑事太郎さんが交通太郎さんに、「今夜からしばらく、○○町の△△通りの片隅で怪しい車がずっと駐車していても、それは捜査車両だから、できるかぎりスルーしてくれよ」なんてことは絶対言わない。すると、何も連絡を受けていない交通太郎さんがその『怪しい車』を発見して、「往来の邪魔なので、すぐに移動してください」なんて指導をするかも知れない。でなくとも、最近は市民も気軽に駐車苦情の一一〇番を入れますから、リスポンスタイム５分で、状況確認の警察官がやってくる。それは交通太郎さんかも知れないし、警察太郎さんかも知れませんが、どのみち『警察官の張り込み車両が、警察官に駆逐《くちく》される』ことになる（稀《まれ》ではない）。そうすると、この例では「絶好の張り込み箇所が使えねえじゃねえか、交通部門が杓子定規《しゃくしじょうぎ》なせいだ」――となりがち。これまた、「お務め御苦労さんだし、逆の立場なら俺もやるが、他の場所からだと被疑者の玄関、確認できないんだよなあ……」と、熱心で杓子定規な交通太郎さんを、厄介に思うことになる。

――警察部内における交通太郎さんのストレスは、他にもあります。

交通ギルドは、一般論として、マンパワーが弱い。規模が小さい。具体論としても、道交法に規定する膨大な仕事を任されている割りには、必要な人員が与えられていない。例えば、切符を切ることを考えても、交通ギルドそのものだけでは、とても対応できません。実際、読者の方も経験されているとおり、街頭で交通指導取締りに当たっている警察官は、まず交番部門の警察官です。この本でいう、警察太郎さんです。言い換えれ

ば、交通太郎さんは、その仕事のかなりの部分を、警察太郎さんに発注・外注していま
す。せざるを得ません。

するとと警察太郎さんとしては、これは外注ですから、どうしても「やらされている」
という感覚になる。ひどくすると、「押し付けられている」と思うかも知れません。ま
してそれは、市民から嫌われること疑いなしの、ストレスフルな仕事……そして交通太
郎さんも、そのことが自分自身の骨身に染みている以上、「お願いします」「ありがと
う」「また頑張ってください」という、腰の低さを示さざるを得ない。警察太郎さんが
そっぽを向けば、交通太郎さんは首を括るしかありませんから。

こうしたことから、交通太郎さんは、4専務の中でもいちばん腰が低くなります。刑
事太郎さんがあからさまに警察太郎さんを見下し、生安太郎さんはそこまでではなくと
も格の違いを感じている一方、交通太郎さんは、警察太郎さんの同盟者たらざるを得ま
せん。おなじ制服勤務で、街頭派ですしね。このことは、交通太郎さんの自意識に、微
妙な屈折を与えるかも知れません。例えば、無邪気なガキ大将である刑事を眺《なが》めたとき
に。

交通太郎のリクルート

以上のような、部内でのストレスを総合して、大きな悩みもあります。

すなわち、専務のうちで最小勢力ですし、仕事の内容が内容ですから、後継者の確保に難があるのです。このあたりは、花形でイメージの作りやすい刑事太郎と、全く対照的です。ここで、『交通警察24時』ではありませんが、なるほど「白バイに乗りたい!!」というモチベーションなら、「刑事になりたい!!」というのと同程度の強さと信念を持ちます。しかし、刑事は一度なったらずっと刑事ですが、交通はずっと白バイに乗っているわけではない……そして、「交通切符を切りたいです!!」「交通事故処理をしたいです!!」というモチベーションを持った若手というのは、まあ、マイノリティでしょう。そもそも専務に入る前に、警察太郎として、交番で、外注仕事を嫌というほどやっていますから。ゆえに外注仕事の本質は、既に見極めていますから。

よって、交通ギルドは、他のギルド以上に、新人獲得に余念がありません。

また、ギルドにおける将来の幹部候補、役員候補を、他のギルドからスカウトすることも辞しません。

交通太郎のお仕事——客観性と数値性

あと、交通太郎さんのストレスは、『客観性』『数値』がハッキリしているという、仕事の性質からも生まれます。

例えば、交通死亡事故。ここ数年はグッと減少しています。ですが、昔は『交通戦争』などという言葉があったとおり、年間の交通事故死者数が1万人を超えるなど（ちなみに刑法犯で人が何人死ぬかというと、年間千人未満です）、その対策が最優先課題の1つとされた時期がありました。今でも交番・駐在所の前を通ると、『本日の交通事故発生件数』とか、『本日の交通事故死亡者数』とかが、警察署／交番等の単位で、プラカードなどを使って貼り出してありますね。このように、交通太郎さんが、どれだけ頑張っているかは、数値で可視化できるものです。また、交通事故を減らそうとするのなら、①懸命に指導取締りをしなければなりません。あるいは、②信号機、道路標識、道路標示といった『交通安全施設』を、懸命に整備しなければなりません（道路そのものは国交省の縄張りですが、交通安全施設は警察の縄張り）。そしてこれらもまた、数値で可視化できるものです。

他方で、刑事太郎さん・生安太郎さんの仕事は、そこまでの数値性を持ちません。この人たちの評価は、「どれだけいい事件をやったか」「どれだけ被害者の仇を討てたか」「どれだけ巨悪をえぐったか」という質的側面が大きいので（量的側面があることを否定しませんが）。

——この人たちと異なる、仕事の『客観性』『数値性』もまた、交通太郎さんのストレスとなります。

交通太郎のコミュ力

しかし、交通太郎さんは、右につらつら述べたストレスの中で、よい人格形成をしてゆきます。それは、市民とのコミュニケーション能力です。これは、４つの専務の中でもピカイチでしょう。日々、市民の苦情と怨嗟《えんさ》（？）に直面しているがゆえの強みです。

——最近、とりわけ若手警察官のコミュニケーション・スキルが落ちていると聞きます。とりわけ、話し方が分からない。ゆえに、職質をさせても「あー、うー」、被害者から事情を聴かせても「あー、うー」、苦情を言いに怒鳴り込んで来た市民にも「あー、うー」。

ところが交通太郎さんは、その真逆です。

朴訥《ぼくとつ》なタイプか雄弁なタイプかは別として、説明スキルはとても高い。プレゼン能力も高い。落とし所に持ってゆく組立能力も高い。激昂《げっこう》した相手をカームダウンさせる能力も高い。煽《あお》りには乗らないしウイットもある。「あー、うー」や、「そんなものは事件になりませんよ」や、「あんただって悪かったんでしょ」からは、いちばん遠い喋《しゃべ》り方をする人です。もちろんそれは、日々の、市民との実戦の中で、否《いや》が応《おう》でも鍛えられるからです。

交通太郎さんの大事な仕事として、『交通安全教育』とか、『交通安全運動』がありますが（メディアの報道でも、パレードとか、アイドルの一日警察署長さんが取り上げられますね）、こうした活動は、たくさんの市民や、たくさんの団体・企業と一緒に盛り上げてゆくものです。そこでは企画・渉外・調整といった、協働のためのコミュニケーション能力が必要となります。つまり交通太郎さんは、警察部内でも、いちばん市民とのコラボをする人なのです。ゆえに、有名なＤＪポリスではありませんが（ＤＪポリスさん自身は交通の人ではないので）、神対応が期待できるといいますか、トーク力・コミュ力炸裂《さくれつ》のタイプが多いです（もっとも、指導取締りの局面でイベントのノリを出すわけにもゆかないでしょうが……）。読者の方も、運転免許の更新に行って、ビデオを見せられる前のトークを聞いたことがあると思います。あれはまあ交通OBの方とかですが、あんな感じで、交通太郎さんは市民の前で喋り慣れていますし、イベント慣れしてもいますので、面倒臭がっている市民の笑いを二度三度とるくらいのことはやります。このあたり、刑事太郎さんには全く期待できないスキルで、人格形成です。

あと、そもそも女警のパイが多いのと、女警は一般論として男性警察官より優秀であることもあって、交通ギルドは、専務の中で最も男女平等意識があるところ。また、女警がその力を活かす場面が多いところ。それは、交通安全教育といったソフトな場面でもそうですし、指導取締りという、いってみれば『クレーム対応が前提の窓口業務』というハードな場面でもそうでしょう。

他方で、この女警のパイについて、私が現場の所属長に出ていたときの話をしますと……隣室の所属長のM課長は、交通ギルド出身の古参の警視の方。とても人柄さわやか・涼《すず》やか・穏やか。キリリとしているのに優しい。ゆえに私は「いかにも交通の紳士だなあ、叩き上げの指揮官なのに、ダンディだよ」と思っていました（そしてそれはほとんど事実でした）。ところがある日、私の課の飲み会で、私が次席に（女房役に）「隣のM課長はダンディで素敵だよねえ？」みたいな感想を言ったところ、次席はぎゅっと目をつぶって苦笑しつつ、「そうですねえ、Mさんは紳士なんですよねえ、婦警にも安協の子にも、見境なく紳士なんですよねえ……」と教えてくれたのです。以降、「えっ次席、それってまさか、警察の悪の華の」「まあ昔から有名でして。千人斬りとは言いませんが。交通はそれがありますんでね……」なんて、しみじみする会話になってしまったことを思い出します。

雑駁《ざっぱく》になりましたが、私が交通について語れるのは、いま思い出してみるかぎり、これくらいです。

第４章　警備太郎――マイペースなスパイ屋さん？

警備警察官のステレオタイプ――警備太郎

さて警察の４つの専務のうち、建制順で最後に来るのは、警備です。勤務時間、勤務スタイル、勤務環境、階級、登用制度、キャリアプラン等々については、刑事太郎・生安太郎のところでじっくり見ましたので、またもや例外・差分だけをザッと見ましょう。

警備太郎の勤務時間

警備太郎さんも、刑事太郎さんと一緒で、勤務時間の原則には従わないことが多いです。それは、行動確認、視察といったオペレーションが多いからです。徒歩の場合もあれば、二輪の場合も、自動車の場合もありますが、いずれにせよ対象は、警備太郎さんの勤務時間どおりに動いてはくれません。そこで、オペレーションの内容によって、自発的に3交替制勤務にしてしまったり、自発的にフレックス制を導入したりします。また、捜査本部が立つこともありますので、そのときは刑事太郎さん同様、警察署その他の施設に寝泊まりすることになる。他方で、デスクワークを担当するときは、常識的な程度の超過勤務を行うくらいです。

警備太郎の勤務スタイル

警備太郎さんは、警察本部勤務でも、警察署勤務でも、やはり自分のデスクと端末を与えられています。ただし、忍者のような勤務をするときは、そもそもデスクにいないことが常態《じょうたい》だったりしますし、事によると、1か月も2か月も、同じ課の同僚と顔を合わせないなんてこともあります。警備太郎さんが忍者みたいなことをしているときは、警備太郎さんのデスクの島には誰もいません。せいぜい、管理職の警視か警部が残っているくらいでしょう。

刑事太郎さんも、尾行、張り込み、聞き込み、事情聴取等々と、外回りの多い人ですが、警備太郎さんの場合、外回りだけがミッションで、書類仕事をほとんどしないということもあり得ます。ところが、これまたデスクワークを担当するときは、5分でペーパーを作成しなきゃいけないとか、あるいは、日がな一日書類と格闘するハメになったりして——

警備太郎さんの勤務は、要はかなり極端です。その理由はすぐ説明します。

警備太郎のイメージ——『不可解な隣人』

この警備太郎さんの仕事——警備太郎さんがいったい何をやっているかは、読者の方が、いちばん想像しにくいものかも知れません。まず、刑事、交通といったジャンル名と比べて、警備というのは何のことだかよく解りません。解らないと言えば生安もそうですが、生活安全、ならばまだイメージがわかないこともないし、怪しくない。要は、４つの専務の中で、最も不可解なのがこの警備といえます。

そしてそれは、実は読者の方にとってのみならず、時に、警察部内においてもそうです。交番で勤務している警察太郎さんはもとより、一緒の建物で——警察本部なり警察署なりで——勤務しているはずの、生安太郎・刑事太郎・交通太郎さんにとっても、警備太郎さんは極めて不可解な隣人です。それは、警備太郎さんが徹底してチームプレイをするだけの人であるのと、警備太郎さんが徹底して自分の秘密を守るのと、そして、警備太郎さんの仕事そのものが徹底して特殊であることによります。ゆえに、警備部門はしばしば、独立王国と呼ばれます。

私が警備ギルドに属していたとき、部下のM警部などは「そもそも警察の中にあることがおかしいんですよ」と自ら言っていました（私はその見解には反対しましたが）。あるいは同じ頃、飲み屋でベテランの刑事たちとバッティングしたときは、「東大出のキャリアなんかを所属長に担いで。警備ってのはよっぽど呑気な仕事なんだな」なんて陰口を（もちろん聞こえるように）叩かれたりして、そうしますと私の部下たちも怒りますから、何だか『仁義なき戦い』の敵対暴力団どうしみたいな抗争（？）に発展したことも二度あります。まして、ベテランの刑事どころか、前述のK警視正などは、「俺はハム太郎の連中が大嫌いだ」を口癖にしていました。あと、生安部門とは最善でも好意的中立関係。交通部門とは日頃の御縁がないという意味で赤の他人です。

警備太郎の『警備』

ここで、K警視正から『ハム太郎』という意味不明な言葉が出て来ましたので、警備太郎さんの仕事のジャンルについて説明をするのがよいと思います。

一般的に、警備といったら、何かをガードすることでしょう。

しかし、警察の専務としての『警備』は専門用語で、特殊な意味を持ちます。

まず、広い意味での警備は、ザックリ言うと、①公安警察、②外事警察、③警備実施警察の3つに分かれます。一般用語にいちばん近いのは③ですね。そしてこれが、狭い意味での警備です。言い換えれば、警備といったとき、いちばん狭い意味ならばそれは『治安警備実施等をする警察』（分野／作用）のことで、いちばん広い意味ならばそれは『公安警察と外事警察と警備実施警察をひっくるめた警察』のことです。ちなみに、この本では①と②を便宜的に分けましたが、仕事の本質は変わりませんので、①②を合わせて公安警察と言っても間違いではないし、それが自然である文脈もあります。いずれにせよ、警備太郎さんの『警備』とは、①②③の3つの概念に分けて説明することができます。

そして、K警視正が『ハム太郎』と言ったのは、公安警察の『公』がカタカナのハとムからできているため、その蔑称《べっしょう》として使ったのです。この場合、①②を念頭に置いた発言でしょう。③が嫌いという人は、警察部内にはあまりいないと思いますので。

またちなみに、K警視正は蔑称としてハムを遣いましたが、警備太郎さん自身にとっては、ハムは蔑称ではありません。警備太郎さん本人が遣っても、自虐ではありません。実際、その昔、警察庁に『公安第一課』『公安第二課』『公安第三課』があったときは——たくさんあったなあ——ギルド内でもそれぞれハムイチ、ハムニ、ハムサンと呼んでいましたし、それは都道府県の現場でも変わりませんでした。

さて、言葉の意味が解っても、まだ内容は解りません。

そこで、それぞれについてザッと見ますと——

まず①の公安警察とは、カンタンには、国内のテロリスト／テロ団体等を取り締まる警察だとイメージしてください（超ドメスティック＝『超ドメ』）。②は、海外のテロリスト／テロ団体等を取り締まる警察（ハイソ）。他方で③は、それらのために、機動隊という部隊を運用する警察です。

③だけは毛並みが違いますので、他のギルドからそんなに嫌われることはありません。他の専務の出身者が機動隊長になることもありますし、そもそも機動隊の隊員は、警備ギルドとはいえ、交番部門しか経験したことのない若い巡査等が中心です。それらの若い巡査等は、まだどの専務の色にも染まっていないので、いわば形だけ警備ギルド入り

したに過ぎません（登用試験も受けていない）。ゆえに、これから刑事太郎さんになるかも知れませんし、生安太郎さん・交通太郎さんになるかも知れません。裏から言うと、機動隊入りしたからといって、警備太郎さん（警備の専務員）とは思われません。

純血種の警備太郎さんは、①か②か、あるいは③の将校である人です。

警備一族の構成員——公安太郎

では、警備太郎さんが①②③のどれかに配置されたとして、そこで具体的に何をやっているかを、見てみることにしましょう。

警備太郎さんが①の、『公安警察』の人だと（これを公安太郎としてしまいましょう）、先述のとおり、国内のテロリスト／テロ団体を取り締まることになります。ここで、「特別法犯なら生安!!」「刑法犯なら刑事」「交通は道交法」というイメージは既に述べました。すなわち、どの専務も犯罪捜査の仕事を担当している。そしてこれは、公安太郎さんも一緒です。公安太郎さんも、もちろん捜査をやる。

そしてこの、公安太郎さんがやる犯罪捜査というのは、以前御説明した、組対太郎さんととても似通ったところがあります。というのも、公安太郎さんは、組対太郎さんと一緒のスタイルで、仕事を切り分けられているからです。

再論すれば、組対太郎さんは、刑法犯とか特別法犯とかいった『犯罪の種類』ではなくて、『対象』によって仕事を切り分けられています。すなわち「暴力団がやる犯罪ならば何でも引き受ける」のが組対太郎さんでした。それが刑法犯であろうと、特別法犯であろうと、道交法違反であろうと、暴力団がやらかしたのであれば、それは組対太郎さんの出番になる。

公安太郎さんについても、一緒のことが言えます。すなわち、「対象がやる犯罪ならば何でも引き受ける」のです。

ここで、組対太郎さんの対象は、非常に分かりやすい。暴力団です。けれど、公安太郎さんの対象は分かりにくい。一般論としては、国内のテロリスト／テロ団体といえますが、じゃあどんな団体がこれに当たるのか？　これまたイメージとしては、いわゆる過激派（極左暴力集団）、極右、カルト集団が挙げられます。『警察白書』の警備のパートで、その動向が記載されている団体、といってもよいでしょう。もちろんそうした、いかにもな団体に限られるわけではなく、例えばクーデターをくわだてる民兵組織が新たに出てきたり、極論、自衛隊が二・二六事件のようなことを新たにくわだてたりすれば、それらもまた、公安太郎さんのお客さんとなります。

要するに、我が国国内において『憲法秩序』『民主政体』を破壊しようとする団体が、公安太郎さんのお客さんなのです。

具体的に言うと、選挙によって国会に代表を送り、多数派を形成することによって、法律を作ったり憲法を改正したりして、行政を動かし、裁判所の統制を受けながら、望む政策を実現してゆく――こうした手続なりシステムなりが、我が国憲法の予定している憲法秩序であり、それが機能しているのが民主政体ですね。ところがテロ団体は、もちろんそんなもの意に介しません。暴力的に行政を倒し、国会を意のままにし、裁判所の統制など無視して、自分たちが望む新しい国家を作ろうとする（それが例えば極左の場合、共産党独裁国家になるわけですし、あるいは極右の場合、軍国主義国家とか、ファシスト国家になる。カルトであれば、祭政一致の宗教国家ですね）。今『暴力的に』という言葉を遣いましたが、それが具体的にはテロ・ゲリラになるわけです。というのも、テロは、恐怖によってその希望する政策を実現させようとする行為だからです。

そうした国内のテロ団体が、公安太郎さんの受け持つ対象となる。そして組対太郎さん同様、「対象がやる犯罪ならば何でも引き受ける」となる。具体的には、オウム真理教の例が解りやすいでしょう。例えば、カッターナイフを正当な理由なく所持すること（特別法犯）。組織のために雇用保険を詐取《さしゅ》すること（刑法犯）。人を監禁したり、サリンを撒《ま》いて殺したり、射殺しようとしたりすること（これも刑法犯）。はたまた、無免許運転をすること（道交法違反）……それぞれ、ルールどおりにゆけば生安太郎・刑事太郎・交通太郎さんの仕事ですが、対象が憲法秩序を破壊し、あるいは民主政体を打倒しようとする団体ですので、すべて公安太郎さんの仕事になるわけです。

――なお、鋭い読者の方だと、こういう疑問を持たれるかも知れません。「組対というのは、組織犯罪対策の略語だろう。テロ団体による犯罪も、組織犯罪だろう。なら、それも組対に入れてしまうのが合理的だろう」と。そして、それは理由のある疑問です。制度論としては、そうしてしまって何らおかしくありませんから。

しかし、組対太郎が暴力団を対象とし、公安太郎さんがテロ団体を対象としているのは、理屈を立てるなら、『前者は最終的には経済的利得を目的としているけれど、後者は最終的には国そのものを引っ繰り返そうとしている』から。すなわち、犯罪組織の在り方そのものが違うので、それに対する諸対策も、全く異なってくるから。

ただこれは理屈であって、しかも反論できる理屈です。ゆえに、警察組織が現状のようになっているのは——だから組対太郎さんと公安太郎さんが合体しないのは、まあ、大人の事情があるからです。

警備一族の構成員——外事太郎

さて、警備太郎さんが②の『外事警察』の人であっても（これを外事太郎としてしまいます）、そのルールは変わりません。すなわち、どのような犯罪であろうと、「対象がやる犯罪ならば何でも引き受ける」となるわけです。

しかしこの場合、外事太郎さんは文字どおり外事《ソトゴト》の人なので、その対象とは、国内の極左・極右・カルト等でなく、海外のテロ組織とか、外国のスパイとかになります。それは、海外に本拠地を置き、我が国に——例えば東京オリンピックなどをターゲットに——出撃してくるテロリストかも知れませんし、外国が潜入させてくる工作員かも知れません。あるいは、そもそも適法に、例えば大使館員として勤務している外交官であって、実は外国情報機関のスパイである者かも知れません。はたまた、国交のない外国が我が国に設置している機関に属する、やはり外国情報機関のスパイである者かも知れません。さらに、ことによったら、経済情報なり企業情報なりをダマテンで入手しようとする、同盟国・友好国の同業者かも知れません。その実態は、現実にその仕事をしている外事太郎さんしか知りえません。

なお、このような外国のテロ団体だとかスパイだとかが我が国に仕掛けてくるワルイコトを、『対日有害活動』といいます。ザクッと言えば、外事太郎さんは、対日有害活動に対処する人です。

実施太郎

今度は、警備太郎さんを③の、狭い意味での『警備警察』の人だとすると（これを実施太郎とします）、公安太郎さんや外事太郎さんとは、打って変わった仕事をします。すなわち『治安警備実施』と『災害警備実施』です。

前者は、公安太郎さんと外事太郎さんに――実際論上は前者に――密接に関連します。というのも、例えば60年安保・70年安保のように、いよいよテロ団体が街頭で武力闘争を開始したとなると、それは騒乱とか、傷害とか、凶器準備集合とか、公務執行妨害といった罪になるので、公安太郎さんが直ちに捜査をすべきなのですが……

とにかく今、中心市街地なり駅なり大学なりが燃えている。コンクリ片がぶんぶん飛んでいる。爆弾や火炎瓶まで使われている。なんだか重装歩兵みたいに長い角材を持って大暴れしている──となると、捜査と同時に、直ちにこれを鎮圧しなければなりません。普通に生活している市民がはなはだ困るからです。通勤通学はできないし、お店はボコボコにされるし、街には火の手が上がるし、何より巻き添えで殺されてしまう。

というわけで、私服の専務員である公安太郎さんのみならず、出動服でフル装備の『機動隊』を投入することによって、あるいは蹴散らし、あるいは検挙する必要がある。もちろん、普通に生活している市民や、その財産を保護する必要もある。「戦いは数だよ」ではありませんが、実際に戦争が始まったときは、捜査員に加え、頭数のある実力部隊を展開し、直ちにノーマルな状態にもどすことが急務です。

これが実施太郎さんの行う『治安警備実施』です。最近では例が少なくなりましたが、出番がなくなることはないでしょう。

あと、実施太郎さんは、そうしたテロ団体との戦争以外にも、部隊を用いて警備実施をします。その主たるものは、『災害警備実施』です。こちらの方が、最近は例が多い。例えば阪神大震災。例えば東日本大震災。例えば熊本地震。自衛隊さんの災害派遣のイメージでよいと思います。機動隊も、自衛隊のような実力部隊として、たとえテロ団体に関係のない『災害』であっても、部隊運用のノウハウを活かし、被災地の現場で救助・支援等の活動を行います。もちろん、警察組織は都道府県単位で設置されていますから、右のような超大規模な災害でなくとも、府県内の土砂災害であるとか、洪水であるとか、火山の噴火であるとか……あらゆる災害に対処します。

このように、実施太郎さんの仕事は主に『治安警備実施』と『災害警備実施』ですが、これらは基本的に捜査ではありませんし（機動隊員が例えば現行犯逮捕を――だから捜査の一部を行うことは当然あります）、そもそも部隊の運用というのは軍事に近く、私服の捜査員を活用することとは、かなり毛並みの異なる仕事です。ゆえに、先に述べたとおり、他部門から嫌われるということは想定できませんし、そもそも部門の色に染まる前の若手多数によって編制されていますし、だから、『警備』という専務の中でもひときわオープンなところです。また、その毛並みの違いから、とりわけ隊長なり幕僚なり、あるいは警備実施本部で指揮をする者には、特殊なスキルとノウハウが必要となってくる。

よって、警備太郎さんがひとたび実施太郎さんになり、実施太郎さんとして年季を積むと、『警備実施のエキスパート』として、時に公安太郎さんや外事太郎さんとは、全く違ったメンタリティを持つようになります。

なお、実施太郎さんはその道の第一人者ですから、平時においては、とりわけ警衛《けいえい》警護《けいご》のミッションで重宝されます。例えば天皇陛下が府県にお越しになるときなど（行幸《ぎょうこう》）、車列が止まろうものなら警察本部長の首が飛びますので（発煙筒を投げられたなんてのは論外も論外、切腹もの）、10年越しの捜査書類もビックリの厚さと量の警備実施計画が策定されます。そして「おいまたかよ……」というほど実査、実査、また実査が繰り返され、リハーサル、リハーサル、リハーサルの後、水も漏らさぬ一大警備を実施します（担当者は胃痛で死にそうになる）。このあたり、公安太郎さんや外事太郎さんのミッションとは大きく違うので、毎度あざやかに警衛警護をこなしてのけるとなると、警備部門の中でも貴重な人材として大切にされ、将来もかなり明るいものになります。

以上、①公安太郎さんと、②外事太郎さんと、③実施太郎さんのミッションについて説明しました。

警備太郎のお仕事（仕事のやり方）

さてここで、警備太郎さんについての、冒頭の話にもどります。

この章の冒頭で、警備太郎さんの仕事は、極端にデスクワークをするか、極端に外回りをするかだと言いました。これは、とりわけ公安太郎さんと外事太郎さんについて顕著ですが、その理由を説明します。

公安太郎さんと外事太郎さんは、いずれも、テロ対策を仕事にしていましたね。

そして、その仕事を役割分担から見ると、それは、①情報収集、②情報分析、③犯罪捜査の3つに大別できます。

情報の収集と分析

すなわち、①の担当者は、ナマの素材を集めてくる。それは、実際に行動確認をした結果であったり、実際に視察をした結果であったり、あるいは、任意に警察に協力してくれる有難い人から聴いてきた話だったりします（その人は例えば、純然たる横町の御隠居かも知れませんし、命懸けで情報提供してくれるお友達かも知れません）。そして、集めてきたナマの素材を、そのまま、②の担当者に渡します。そのままです。ここで、①の担当者は言ってみれば農夫・漁師・猟師なので、自分で料理したり加工したりはしません。また、素材は鮮度がいのちです。ゆえに、産地直送で②の担当者に直渡《じかわた》しをするのです。

そして、②の担当者は、ナマの素材をじっくり観察して、鮮度・味・品質、あるいは過去の納品の状況などを勘案しながら、それを最も食べやすい形に料理します。②の担当者にとっては、①の猟師がどのような人から素材をもらったか、あるいはどのような形で素材を入手したかは――考慮に入れるべきでないとまでは言いませんが――本質ではないし、それを考慮に入れると、かえって料理の質が落ちるケースもある。ゆえに、飽くまでも素材そのものを客観的に見極め、料理人としての知識経験・技倆《ぎりょう》によって、最高の料理を作ります。これを具体的に言えば、行確・視察結果、情報収集結果を吟味し、過去のそれらと照らし合わせ、あるいは他の担当者からのそれらと比較検討しつつ（というのも、①の猟師は複数いますので）、実際に食べられる――テロ対策に用いることができる『情報』として分析し、再構築します。

この、①の猟師と、②の料理人のハッキリした分業が、警備太郎さんの特徴です。

ゆえに、猟師はいつも外回りをしているし、料理人はいつもデスクに貼り付いている、ということになります（もっとも、猟師の頭目というか指揮官となると、やはりデスクワークですが）。これをより実際の言葉でいえば、情報部門における、『収集と分析の分離』です。これは公安太郎・外事太郎さんの大原則で、しかも実際的な理由のある大原則です。というのも、これを守らないと、結局は情報の質が落ちるからです。

もっと具体的に言えば――

もし、猟師が自分自身で料理人をやるとなると、もちろん自分が作りたい料理の素材ばかりを狩ってくることになる。他はガン無視です。当然、偏《かたよ》ります。そうでなくても、もし猟師が自分自身で素材の吟味をやるとなると、もちろん自分の眼に適わない素材は勝手に捨てます。埋もれます。当然、偏ります。ところが、情報というのは、『どんなものがくだらなくて、どんなものが使えるのか』最初は分からないもの。極論、どうでもいい薬包のゴミ1つが、天下国家を変えることもあります。新聞の何でもない1行が、警察庁長官賞ものの事件に発展することもある。ゆえに、収集の段階では、テーマに沿ったものなら何でも集めてくる必要がある。偏りなく、主観なくです。そうすることによって、収集の段階で、水漏れがなくなる。これは結局、情報の質にも直結します。

また、料理人の側にも、注意すべき点が多々あります。

もし、料理人が自分自身で猟師をやるとなると、これまた獲ってくる素材は偏りますよね。そうでなくても、もし料理人が猟師を指揮できるとすれば、「こういう素材をとってこい」「こういう素材がいい素材だ」「これ以外は評価しない」「このあいだの鴨は最悪だった」みたいなコミュニケーションが発生する。これは猟師の狩りに悪影響を及ぼします。右の例で言えば、「こんな薬包なんて褒めてもらえないだろうなあ」「新聞記事なんか持っていったら怒鳴られそうだな」なんてことにもなりかねない。ゆえに、分析をする側が、テーマそのものはともかくとして、具体的な素材の在り方について、あれこれ注文を出したり評価をしたりすべきではないのです。もちろん、料理人として自分の机の上で判断した結果、「ああ、これは使えないな」「うわっ、これは一大事だ、5分でペーパーにしてトップに上げないと」等々と、自分なりの評価を持つのは仕事上アタリマエです。しかし、それは猟師に伝えるべきではないし、もし猟師を褒めるとしても、具体的な素材の1つ1つには言及せず、「先週の狩りはいい狩りでした。今週もひとつ、お願いします」といった形にすべきです。どのみち、猟師の方で「ああ、たぶん金曜日に収穫したアレだな」と当たりはつけられますし、それはお互い、口に出す必要のないことですから。

公安太郎さんと外事太郎さんは、この『収集と分析の分離』にしたがって、情報を取り扱います。そして、この重要な業務ゆえ、とかくこの人たちは、世間から『諜報機関』『スパイ集団』『謀略集団』と見られています。実は警察部内からもそう見られています（笑）。ですが、実際のところは違います。言い訳でなく、この人たちには、情報収集・情報分析よりももっと大きな目的があるからです。言い換えれば、情報に関する仕事は、そのもっと大きな目的のための手段に過ぎません。

警備犯罪の取締り

では、その『もっと大きな目的』とは何か？

犯罪捜査です。さらにいえば、犯罪捜査によって――事件化によって、テロ団体にダメージを与え、最終的には壊滅させることです。これが、警備太郎の本来の在り方です。ですからある意味、刑事太郎・生安太郎・交通太郎の誰よりも、犯罪捜査をやりたがっています。事件をやりたがっています。

これをもう少し、具体的に見てみましょう。

先に、警備太郎さんの役割は、①情報収集、②情報分析、③犯罪捜査だと言いました。そして、①②については概略を説明しました。ですが、実はこの①②は、全て③を実現するためにあります。言い換えれば、警備太郎が（分業によって）情報を収集し、分析するのは、全て犯罪捜査に結び付けるそのためです。そして警備太郎の仕事内容についてはもう説明しましたので、その犯罪捜査というのは、『テロ団体がやる犯罪についての捜査』だということが解ります。

だから、警備太郎は、憲法秩序なり民主政体なりを脅かすテロ団体について、あるいは前述の対日有害活動によって我が国の独立を脅かすテロ団体について、まず情報を収集する。その情報を分析する。そして、その分析によって、対象がどのような犯罪を犯しているかを知る。もちろん、テロ団体ですから、対象のガードは堅い。反撃も、抵抗も、報復も予想される。摘発したとき、社会に与える影響も大きい。したがって、極めて慎重に内偵捜査をしてゆく必要があります。

この内偵捜査は、時に10年、20年、いやそれ以上にわたることがあります。例えば、そうですね……二〇〇〇年のミレニアム事案ですが、日本赤軍の重信房子《しげのぶふさこ》受刑者の検挙。

極左事件ですね。彼女が国際手配されたのは、一九七四年、オランダにあるフランス大使館を武装占拠したいわゆる『ハーグ事件』ゆえですが（逮捕・監禁・殺人未遂）、全国の警備太郎さんが執拗《しつよう》に追い続ける中、大阪府警察が、四半世紀後の、執念の検挙に成功しました。あるいはこれも極左事件ですが、中核派の大坂正明被告の検挙。一九七一年のいわゆる『渋谷暴動』において警察官を火炎瓶等で殺害した者ですが、これまた全国の警備太郎さんが執拗に追い続ける中、大阪府警察が、昨年二〇一七年に執念の検挙を果たしました（大阪の警備はすごいですね）。後者だと、実に46年越しの検挙——もう半世紀後といってもいいでしょう。そして、このような『ビッグネーム』でなくとも、警備太郎さんの内偵捜査は、その対象ゆえ、どうしても長期化する傾向にあります。

そのような、『執念の内偵』を経て、事件化をする。被疑者を検挙し、拠点・アジトにガサを掛ける。これによって、テロ団体に大きなダメージを与える。新たな身柄を押さえることができれば（完全黙秘のことが多いですが）、新たな情報の入手につながりますし、これはもちろん拠点・アジトのガサについてもそうです。言ってみれば、情報・内偵が検挙につながり、検挙が打撃と情報につながり、そしてまた新たな内偵につながり、これがまた検挙につながり……

よりシンプルには、『情報→事件→情報→事件……』という、テロ団体へのダメージのスパイラルが、警備太郎の真骨頂です。そして最終的には、そのダメージの累積によって、テロ団体そのものを壊滅させる。警備太郎の正義は、ここにあります。

だから、警備太郎さんにとっては、『情報のための情報』は意味がない。『事件化のための情報』が必要なのです。ただ、対象の特殊性から、そもそも情報が獲れないことも多いですし、獲れたところで右のように捜査は長期化します。だから、刑事太郎・生安太郎・交通太郎さんたちから見ると、警備太郎さんは何年も何年も、事件ひとつやらず、コソコソ何かよく分からない陰謀を練っているように見える。3年ぶりに事件をやっても、ガサだけだったりする（検事に起訴してもらえない／もらわない）。5年ぶりに事件をやっても、『免状不実記載』『有印私文書偽造』だなんて、刑事太郎さんたちの質的評価からすれば「なんだそりゃ？」といった奴しかやらない。このあたりが、「警備は何をやっているのか解らない」という不気味さと軽蔑につながります。

警備太郎の秘密主義

また、右のような執念の追及捜査や、オウム真理教関係の手配被疑者の捜査を想定していただければ解るとおり、徹底した情報管理が求められます。

例えば、「〇〇県△△市の国道沿いのスナックRに、20年前から指名手配中の極左Kが稼働《かどう》している。少なくとも容貌はソックリだ」なんて端緒《たんちょ》情報が——ナマの素材が入ってきたとしましょう。もう、既にこのナマの素材そのものが絶対の秘密です。それからの追及オペレーションはもっと秘密です。秘密を知る者は、警備の中でも必要最小限にする。隣の係にも言わない。最大動員を掛けるのは、最終局面の、お札を獲った討ち入りのときだけ、それもその前日とかです。そうせざるを得ない。メディアの記者さんに漏れるなんてのは下の下ですが、警察部内でも秘密。刑事太郎・生安太郎・交通太郎さんはオペレーションには無関係ですし、何の責任もないから、極論、飲み屋で酒の肴《さかな》として大声で喋りかねない（と、警備太郎さんは思ってしまう）。

加えて、警備太郎さんは、様々なお友達と交際しています。特殊なお友達です。すなわち、命懸けで警備太郎さんに情報を提供してくれるお友達。ひょっとしたら、右のスナックRの情報も、そんなお友達からのヒソヒソ話かも知れません。すると、そのお友達の存在も、絶対の秘密にしなければなりません。というのも、もし警備太郎さんとの交友関係がバレたら命にかかわるからです。そもそも、『絶対にバラさない』『秘密は墓場まで持ってゆく』という約束と信頼関係がなければ、命懸けで情報提供してくれるお友達など、作りようがないでしょう。

さらに、警備太郎さんが対象としているのはテロ団体です。組対太郎さんが暴力団と対峙しているように、警備太郎さんはテロ団体と対峙しています。ゆえに、暴力団があの手この手で警察と戦おうとするように、テロ団体も、あの手この手で警察を調査し、あるいは潜入し、妨害し、攪乱《かくらん》し、弱体化しようとします。これは当然のことです。するど、警備太郎さんとしては、当然、防衛水準を上げざるを得ない。だから、そもそも警備太郎さんは総員何名なのか、警察官のうち誰が警備太郎さんなのか、どの警備太郎さんがどんな係にいるのか、それぞれの係は何人でどんな仕事をしているのか……等々、例えば交通太郎さんだったら秘密でも何でもないことを、秘密にしなければならなくなります。均質に防衛しなければ、脆弱性のあるところから解明され始めてしまいますし、1つ1つは意味のない断片情報も、組み合わせればかなりのことが解明されてしまうからです。だから些末《さまつ》な話をすれば、警備太郎さんは部内の電話に出るときも、自分の名前は名乗りません。部内の電話帳でも、警備の部分は実質、無意味な情報しか載せません。まあ、部長だとか参事官だとか課長だとか次席となれば、もう公然部門といってよいからすぐ分かりますが……

以上を要するに、警備太郎さんには、守らなければならない秘密がとても多い。このあたりも、『警備は何をやっているのか言わない』『俺たちを端《はな》から信用していない』『お高くとまっている』といった、反感と軽蔑につながります。

警備太郎の低姿勢

ただ、警備太郎さんもそうした悪感情は知り尽くしていますので、部内においては、交通太郎さんと並んで腰が低いです。刑事・生安・交通を立てようとしますし、「ウチは事件には弱いんで……」「なかなか実績が上がらなくて……」「刑事さんに比べたらウチは……」「やっぱりここは生安さんに教えてもらわないと……」なんて感じで、まあ紳士的な、ソツのない部内外交をします。

実際、あらゆる法令を駆使して対象にダメージを与えなければならない以上、特別法犯に詳しい生安太郎さんの知恵を借りることは日常茶飯事です。また、事件化のノウハウが失われてはいけないので（やる事件が少ないので、経験が積めないことも）、進んで刑事太郎さんに頼んで、お互い期待の新人・中堅を人事交流させてもらったりもします（「いっちょ仕込んでやってください」）。さらに、先の交通太郎さんほどではないですが、交番部門の警察太郎さんにも腰が低い。もっとも、そこは専務ですから、やはり格とプライドを意識してはいますが……しかし警察太郎さんは、全警察官の約40％を占める大勢力ですし、しかも交番・駐在所というアンテナを地域社会に張り巡らせてもいます。先に述べたように、猟師は素材を選んではいけませんから、情報は何でも幅広く入手するのがよいわけで、そうすると必然的に、交番部門の警察太郎さんたちにも、「いい情報があったら何でも教えてくださいね‼」「気軽に書類にしてください‼」「社長からの表彰ももぎとってきますんで‼」というかたちで、腰低くお願いすることになります。

警備太郎のマインド――警察太郎との差分

では最後に、そのような警備太郎さんが、どのようなマインドを形成してゆくかを見てみましょう。

A　国家百年の計マインド

警備太郎さんは、刑事太郎・生安太郎・交通太郎さんのように、日々の事案処理に追われてはいません（これを『現象面《ゲンショウメン》に追われていない』と言ったりします）。

いえ、正確に言えば、警備太郎さんも日々、とてもいそがしく過ごしています。連日、右の情報収集・情報分析に追われています。対象の営業に休日はありませんし、対象の勤務時間は派手にバラバラですし、何より、情報は鮮度がいのちですから。だから、コツコツ、コツコツと情報の砂金獲りをしています。その砂金の中に、いつ『事件化』につながるダイヤモンドが混じるかどうかは分かりません。それは、今日この瞬間かも知れませんし、30年後かも知れませんし、あるいは一〇〇年後かも知れません。また、砂金自体もコツコツ集積させれば、ダイヤモンド以上の価値を持ってくるかも知れません。はたまた、一緒に砂金採りをしてくれる民間の人や、砂金そのものを持ちよってくれる民間の人のリクルートも、大切な仕事です。とりわけ警備太郎さんのうち、情報を扱う公安太郎さん・外事太郎さんは、このように多忙です（実施太郎さんも、ハロウィーン警備だの、オリンピック警備だの、やることはたくさんありますし、なければ訓練訓練、また訓練です）。

……しかしながら、警備太郎さんが手掛ける仕事は、ほとんどが『水面下』のものです。『事件化』の時点でようやく、メディアに報道されるなどして社会に伝わり、また、それによって他の専務に伝わるもの。

　そうすると、右の言い方に倣《なら》えば、警備太郎さんの活躍が他にアピールできるのは、30年後かも知れないし一〇〇年後かも知れない。それどころか、一〇〇年待っても、何もアピールできないかも知れない。

　これをもっと具体的に考えると、多数派である大卒の警察官なら22歳あたりで就職するわけですし、警備は専務ですから、まさか22歳で警備太郎になっているわけではない。仮に30歳あたりで警備太郎になったとすると、この人はひょっとしたら、警備太郎としての職業人生で、一度も『事件化』のダイヤモンドを掘り当てられないかも知れない。30年とはそういう数字です。だから、この警備太郎は、自分の砂金掘りの仕事を、次代の警備太郎に引き継いでゆく。次代の警備太郎とて、必ずダイヤモンドが掘り当てられないのは先代と一緒です。ということは、またその次代の警備太郎に、果てなきミッションを引き継いでゆくことになります。もちろん、憲法秩序・民主政体を破壊しようとする対象を、壊滅させることができるまで。

　ここで、警備太郎さんの主敵、マルクス＝レーニン主義（共産主義のうち、暴力革命を否定しないもの）の総本山であったソ連は、自由主義世界全てに甚大《じんだい》な恐怖を与えつつ、69年間存在し続けました。同じく共産党独裁国家である中国は、今現在、偶然ですが69年間存在し続けています。国内に眼を転じれば、一九五六年に誕生し、一九六三年に現在に至る基本的枠組みを形成した極左は、今なお壊滅されるに至っていません。一九九五年にあの地下鉄サリン事件を起こしたオウム真理教も、後継団体の活動を活発にさせています。これらの具体例からも、警備太郎さんの仕事は、1週間、1か月単位のものではなく、まさに『国家百年』単位のものと解ります。

しかし、刑事太郎・生安太郎・交通太郎さんからすると、事件に対する肌感覚と尺度が違いすぎて、警備太郎さんの生き方そのものが理解できません。刑事太郎さんたちにとって、1か月に1度も事件がないなどというのは『あり得ない』からです。そうすると、どうしても『警備は楽をしている』『警備はハイソ』『警備は仕事ができない』といった先入観を抱いてしまう。要するに、他の専務に全く理解してもらえない。仮に理解してもらおうと思っても、仕事の性質上、説明できることは極めて少ない。自然、黙らざるを得ない。黙ることによって、今度は『警備はスカしてやがる』『警備は俺たちを見下している』『警備は俺たちを信用していない』となる……

換言すれば、警備太郎さんは部内において、オール・オアナッシングの『ナッシング』ととらえられ、敵味方の『敵』ととらえられてしまいます。

このように、警備太郎さんは部内において、孤独です。

しかしながら、部内において孤立しがちであるということは、団結力が強くなるということでもあります。

ここで、刑事一家の団結力は、花形意識・ガキ大将意識・職人意識に裏打ちされた、功名《こうみょう》を争う戦闘集団の団結力です。戦国時代の軍団のようなもの。そこには弱肉強食があり、抜け駆け当然の個人主義があり、強い者を中心とする恩と忠との人間関係がある。刑事一家には、そうした封建的な、人間くさい、解りやすい、よって比較的カラッとした仲間意識があります。

けれど、警備部門の団結力は、そうしたものとは少し違う。それは、忍者の集団のような団結力です。すなわち、特殊技能を中核とした、決して花形ではない、時に存在することそのものが脅かされる側の、ある意味悲愴《ひそう》な集団主義です。組織力を発揮しなければ生き抜いてはいけない側の、必然的で、没個性的で、隠微な、だから比較的非情な仲間意識があります。一族以外の誰にも言えないミッションを、目に見えてはならない形で、時に何年も何年も堪え忍びながら、主のために実行してゆく。その主というのが、憲法秩序であり、民主政体であるわけですが、それは人格を持たないので、何を褒めてくれるわけでもない。まさに『死して屍《しかばね》拾う者なし』。

――部内における孤独さ。悲愴な集団主義。報われることの少ないミッション。

こうした特徴は、警備太郎さんを、とても我慢強い人間にしてゆきます。また、警備太郎さんを『鉄の規律』に馴染ませます。そして警備太郎さんは『部門のための捨て石』となることも多いのですが、その覚悟もできる。もちろん、一族の掟なり秘密を『墓場まで持ってゆく』のが、後天的な本能になる。

まとめると、『国家百年の計』が仕事の本質であるため、警備太郎さんは自ずから、忍耐・規律・自己犠牲・保秘《ほひ》を重んじるマインドを、形成してゆくことになります。それが、警備太郎さんの正義です。

ちょっとだけ具体論を言えば、例えば右の『砂金を獲る』というタスク。

刑事太郎さんなら、これはすべて個人のタスクになります。命ぜられれば、自分の才覚ひとつで、仲間を募るにしろ民間の人の協力を得るにしろ、すべて自分の判断でやります。どこを掘るか。いつ掘るか。何人で掘るか。どれくらいが狙いか。いつまでやるか……それは全部、刑事太郎さんの職人としての勘と経験に委ねられる。そのようにフレキシブルでなければ、日々発生する現象面の仕事がこなせないからです。

他方で警備太郎さんの場合、そんなやり方は絶対にしません。そもそも、個人の才覚に依存する仕事は許されません。何人のチームでやるか。民間のどんな人の協力を得るか。何が狙いなのか。どれくらいの結果を出すのか。どれくらいの時間を費やすのか……あるいはもっともっと細かいことまで、全て一族の入念な検討を経て、一族のタスクとして、実行することになります。歯車が個人の才覚で動けば、国家百年の計に悪影響があるからです。

B　芸は身を助けるマインド

警備太郎さんの仕事は、量的に見れば、情報収集・情報分析をメインとしています。情報収集には、『見てくる』『見続ける』というスタイルもありますが、もちろん『聞いてくる』『聞き出してくる』『聞いてきてもらう』というスタイルもあります。そして後者の場合、時に命を懸けて情報を教えてくれるお友達から聞いてくるわけです。それはそうです。刑事太郎さんの、聞き込みではありませんから。国家百年のため、憲法秩序・民主政体を脅かすテロ団体についての、情報を教えてもらうわけですから。教える側も教えられる側も、当然、命懸けです（だから『墓場まで持ってゆく』）。

すると、そこに必要なのは、濃密な人間関係です。

もっといえば、絶対にお互いを裏切らないという信頼関係です。

もちろん警備太郎さんは、最初からそのようなお友達に恵まれているわけではありません。先代、先々代からの遺産はあるでしょうが、そうした人々は必然的に御高齢でしょうから、当代の警備太郎さんとして、自分自身のお友達を開拓する必要があります。これはきっと、民間企業の営業さんと、あまり異なるところがありません。対象となる顧客というかお友達が、かなり異なるだけです。

さて、民間企業の営業さんが、新たに顧客を開拓しようとするとき、どうするか。飛び込みの営業ということもあるでしょうし、誰か紹介してくれる伝手《つて》を頼って、仲介してもらうこともあるでしょう。人間関係を構築するために、贈り物をしたり、接待の場を設けることもあるでしょう。接待となると、酒席はもとより、一緒にゴルフをしたり、一緒に旅行をしたり。あるいは、相手方の趣味に応じて、囲碁将棋を楽しんだり俳句を楽しんだり。登山をしたり泳ぎに行ったり。はたまた、Ｂ級グルメを楽しんだりカラオケに入り浸ったり。ひょっとしたら、一緒の語学教室に通ったり、一緒のジムやフィットネスの会員になったり。さらに、ちょっと例が若すぎるかも知れませんが、一緒のソシャゲを楽しんだり、ゲーセンで音ゲーやＵＦＯキャッチャーをしたり……アプローチの仕方は、相手方の趣味嗜好・ライフスタイルに応じて、無限にあります。

アプローチの仕方は無限にあるので、警備太郎さんは、自分自身の趣味嗜好・ライフスタイルがどのようなものであるかにかかわらず、それを、お友達になってほしい人に適合させてゆかなければなりません。これまた、民間企業の営業さんと一緒でしょう。仕事上、どうしてもゴルフをすることが必要ならば、自費で道具を買いそろえ、自費で打ちっぱなしへ通い詰めることもあるでしょう。たとえ自分が下戸《げこ》だとしても、幾許《いくばく》かは飲める訓練をするか、酒席を盛り上げる工夫をする。昭和的な、裸踊りの必要性だってあるかも知れない。相手が……そうですね……大のオペラ好きで、どうしても手に入らないプラチナチケット八万円を望んでいるとすれば、あらゆる手段を講じてそれをゲットしようとするでしょう。

警備太郎さんのお友達づくりも、これと全く一緒です。違いがあるとすれば、その過程も、結果として交際に至ったことも、時に命に関わる危険を胎《はら》んでいることだけです。ゆえに、Aのマインドのところで言ったとおり、その過程においても交際においても死別後のお墓参りにおいても、警備太郎さんの個人プレイの要素は、皆無となります。

いずれにしても、警備太郎さんは、その仕事の性質ゆえ、意外に社交的であり、意外に多趣味です（部内で非社交的なのは、別に、刑事太郎さんをお友達としてゲットする必要性がないから）。というか、後天的に社交的・多趣味にならざるを得ません。何故と言って、お友達になってほしい人は、警備太郎さんの側では選べませんから。ゆえに、警備太郎さんが習得すべき趣味その他のスキルも、警備太郎さんが提示できる諸々の話題も、お友達候補が現れ次第、新たに習得すべきもの。このあたりも、忍者的です。

よって、警備太郎さんは、年季を積むにつれ、多芸多才になってゆきます。それがまた、様々な局面で、一族に活用されることになる。一族に活用される頻度が高くなるということは、ギルド内での地位が安定し、あるいは高まるということ。よって、『芸は身を助ける』となるわけです。

また、仕事を離れても、多趣味で多芸多才であることは、心身の健康にプラスです。これは、警備太郎さんのヘビーな『国家百年の計マインド』を、かなりの程度、和らげてくれます。これもまた身を助けます。10年越し、20年越しでも成果が見えないミッションを任されたとき、『オフ』の手段が充実していれば、心身の故障でギルドから脱落するリスクは、かなり下がりますから。このあたり、とかく趣味といえば飲酒とぱちんこといった、警察太郎さんあるいは刑事太郎さんと比べると（もちろん人によりますが）、意外に常識人的で、意外に健全です。

さらに、『芸は身を助ける』マインドは、警察部内にも発揮されます。もともと警備太郎さんは部内で好かれてはいませんが、それを自分自身で痛感していますし（だから腰が低い）、その本質は、多趣味で多芸な人誑《ひとたら》し。ですから、やろうと思えば、部内でも仲の良いお友達を、ピンポイントでつくることはできます。例えば、久々の大きな事件のとき。刑事太郎さんのアドバイスが欲しいなあと思えば、捜査書類の師匠や事件の組立の師匠、あるいは検事誑《たら》し・裁判官誑しの師匠を、どうにかして、『お友達』としてゲットしてくるでしょう。そして、刑事太郎さんは仁義を重んじる人情家ですから、それに見合った芸を発揮して、「俺は警備は大嫌いだが、まあ、アイツの頼み事なら仕方がねえな……」という関係にもってゆく。はたまた、事件になりそうだと思えるけど、どの特別法で引っ掛けてよいか分からないとき。このとき今度は、特別法犯の専門家・生安太郎さんに、お友達になってもらう必要がある。生安太郎さんは常識的な法令のセンセイですから、足繁《あししげ》く通う熱心な弟子志願者がいるとなれば、「あんまり警備とは縁がないけど、すごくマジメに事件をやりたがっているなあ」と考えてくれ、知恵袋としてのプライドに懸けて、諸々の指南をしてくれるでしょう。このように、マジョリティには嫌われているとしても、『信頼関係がある』『個人的な関係がある』『相性のいい関係にある』他部門のお友達をつくるのは、警備太郎さんにとって難しくはありません。もちろん、警備太郎さんは意外な社交派ですから、比喩的に言えばそうしたお友達に付け届けは欠かしませんし、お友達が雑務だの人出しだので困っていれば、義理堅くお返しをします。そうしたことは、警備太郎さんの後天的な本能です。

最後に、多芸多才で多趣味な人誑し・意外な社交派——というのは、実は管理職なり管理部門と強い親和性があります。それゆえ部内においては、守備範囲の広い常識人でセンセイである生安太郎さんと並び、『総警務《ソウケイム》』と呼ばれる管理部門に多数のポストを占める傾向にあります。具体的には、組織の方向性を決める『企画』はもとより、『総務』『会計』『人事』『監察』『広報』といった、枢要ポストに配置される傾向があります。このあたり、刑事太郎さんからすれば「ケッ、事件もやらねえ癖して俺たちを顎《あご》で動かしやがる」ともなるわけですが。

Ｃ　信用第一マインド

警備太郎さんの警備ギルドは、なるほど他部門・世間から見て陰謀屋集団ではありますが、意外にも、邪道・覇道《はどう》・権謀術数《けんぼうじゅっすう》なんでもアリ——なんて外道《げどう》ではありません。それどころか、信用第一がモットーです。一族内においてもそうですし、警察部内においてもそうですし、はたまた、お友達との関係においてもそうです。

というのもそれは当然のことで、裏切りを日常茶飯事にしていれば、誰もお友達になってくれなくなるから。だから砂金獲りができなくなり、もちろん事件もできなくなり、いよいよ首でも括《くく》るしかなくなるから。ゆえに、警備太郎さんは『思い込んだら命懸け』で、『地獄の底までついてゆく』『一途な星』です。

よって、まず、警備ギルドという一族を、絶対に裏切りません。それは組織第一主義（もちろん警察第一主義とはちょっとズレる）につながり、絶対に秘密を守ることにつながり、だから先の、鉄の規律につながります。鉄の規律というと、ちょっと大袈裟ですが、要はスタンドプレイを絶対にしないし、自分という個よりも一族を絶対に優先するということ。滅私奉公《めっしほうこう》、といった方がよいかも知れません。ひとたび警備の盃《さかずき》をもらったら、死んでからも警備だ——という意識があります。これは、功名主義の職人集団である刑事とは異質です。刑事太郎さんは、どれだけ集団戦をするときでも、自分を歯車にすることはありません。警備太郎さんは、最初から最後まで歯車です。これは、よいことばかりではありません。一族の掟が最優先となれば、それは、個人の才覚・機転・工夫を弱めることにもつながります。結果オーライのバグも、ハンドルの遊びも許されないからです。

次に、一族を超え、警察部内においても、「なるほど、警備とはそういうものだ」という認識が――多かれ少なかれ――共有されていますので、とりわけ保秘《ほひ》を最優先にしなければならないミッションだと、他部門の依頼で、警備部門が動員されることがあります。好き嫌いは別として、「警備なら秘密を守る」「警備ならメディアに抜けない」「警備なら勝手なことはしない」という信用があるからです。これは財産ですし、先述のとおり、管理部門のポストをゲットすることにもつながりますので、警備太郎さんとしても、その信用を裏切りません。おなじく秘密主義の、刑事のところで出てきた『知能二郎さん』と協働することもあります。さらには、不祥事を隠密裡《おんみつり》に調査するといった、監察的な仕事を委ねられることもあります。そのスキルが、一部の都道府県を別とすれば、監察部門本体よりあるからです。もっといえば、東京の総本山・警察庁から諸々の指揮なり指導なりを受けたとき、もうそれは警備太郎さんにとって勅命《ちょくめい》です。これが刑事太郎さんなら、「はぁ？　警察庁？　どこの何方様《どなたさま》？」なんて端《はな》から相手にしませんが、警備太郎さんにとっては、絶対服従の金科玉条《きんかぎょくじょう》となります。そこでも、自分の功名心を無理矢理押さえてさえ、警察庁の信用を裏切らないように動きます。

最後に、お友達を裏切らないこと――お友達との関係も、信用第一であること。これは説明の要がありません。お友達の方が裏切ることはあっても、警備太郎さんからお友達を裏切ることは、絶対にありません。これは、警備太郎さんが人格者だからそうなのではありません（そういう面を否定しませんが）。

人格とは別次元の話として、相手が誰であろうと、一度きりであろうと、もし警備太郎さんの側から裏切ったなら……あとは店仕舞いしかオプションがなくなるからです。それはもちろん、その悪評ひとつによって、今後一切、新しいお友達が作れなくなるから。

またそもそも、警備太郎さんは一族の歯車です。一族が入念に・緻密にプログラムしたとおりの動きをします。そしてまさか一族が、「お友達を裏切れ」などという命令を入力するはずもない。重ねて、それは一族の破滅を意味するからです。

このような『信用第一』というのも、警備太郎さんの正義です。

あとがき

本書では、私の元警察官としての知識経験を活用して、『警察官自身が描く典型的な警察官像』を書いてみました。それはすなわち、警察官全体のステレオタイプである『警察太郎』と（本書Ⅰ）、警察の主要4部門に属する警察官のステレオタイプである『生安太郎』『刑事太郎』『交通太郎』『警備太郎』たちです（本書Ⅱ）。

ところが……

実は、この本の在るべき姿は、4部構成でした。当初はあと、ⅢとⅣのパートが存在するはずだったのです。そこまで書けなかったのは、純粋に、紙幅の都合です。

幻のⅢでは、『階級』を切り口に、警察官のステレオタイプを描こうとしていました。すると登場するのは、警部補太郎、警部太郎、警視太郎といったキャラクタです。

また幻のⅣでは、『採用区分』を切り口に、警察官のステレオタイプを描こうとしていました。そこでは当然、キャリア太郎、Ⅱ種太郎、推薦太郎、出向太郎、派遣太郎、現場太郎といったキャラクタが、登場することになります。

しかし、警察というのは実に摩訶不思議《まかふしぎ》な組織で、いざ説明をしようとすると、存外紙幅が必要です。よって本書は、ⅠⅡのみで終わりを迎えてしまいました。

ただ、幾度か読み返してみて、新書の紙幅でⅠⅡⅢⅣの全てを描くのは、無理だったと開き直ってもいます。

また、ⅠⅡだけをとっても、たぶん、類書のない内容になったのではないかと……

機会がありましたら、ⅢⅣを描いた姉妹編等で、またお会いしましょう。

古野まほろ　東大法卒、リヨン第3大法修士課程修了。学位授与機構より学士（文学）。警察庁Ｉ種警察官として警察署・警察本部・海外・警察庁等に勤務。警察大主任教授にて退官。法学書等多数。

Ⓢ新潮新書

770

警察官白書《けいさつかんはくしょ》

著　者　古野《ふるの》まほろ

2018年6月20日　発行

発行者　佐　藤　隆　信

発行所　株式会社新潮社

〒162-8711　東京都新宿区矢来町71番地
編集部(03)3266-5430　読者係(03)3266-5111
http://www.shinchosha.co.jp

印刷所　錦明印刷株式会社

製本所　錦明印刷株式会社

ISBN978-4-10-610770-2　C0236